일터신앙

Listen

Love

Pray

Endure

이효재 지음

소명 · 사랑 · 기도 그리고 인내

일터에서 치열하게 살아가는 그리스도인의
신앙과 소명 그리고 사역을 이야기하다

도서출판사 **TOBIA**

소명, 사랑, 기도 그리고 인내

일터신앙

1판 1쇄: 2018년 3월 30일
　 2쇄: 2019년 3월 6일

저자: 이효재
편집: 강신덕
디자인: 오인표
홍보/마케팅: 김일권 지동혁
펴낸이: 오세동
펴낸곳: 도서출판 토비아
등록: 426-93-00242
주소: (04041) 서울특별시 마포구 와우산로 73(홍익빌딩 4층)
　　　T 02-738-2082 F 02-738-2083

ISBN: 979-11-961053-8-9 03230
책값은 뒷 표지에 있습니다. 무단 전제와 복제를 금합니다.

소명, 사랑, 기도 그리고 인내

일터신앙

이효재 지음

도서출판 TOBIA

추천사

　이효재 박사는 2001~2006년 밴쿠버 리젠트 칼리지에서 나에게 일터신학을 배운 탁월한 학생이었다. 신문기자로 오랜 경력을 가진 이 박사는 신학을 공부하고 일터 그리스도인들을 위한 목회를 하고 있다. 그는 우리 시대에 일터와 교회 양쪽에 걸쳐 지식과 경험이 풍부한 흔하지 않은 목사이자 저술가다. 이 박사는 이번에 신앙과 일이 하나 되는 삶에 대한, 우리에게 매우 필요한 책을 썼다. 이 박사와 한국의 그리스도인들에게 이 책의 출판을 축하한다.

　이 책이 왜 필요한가? 신앙인들은 깨어있는 대부분의 시간을 일터에서 보낸다. 만약 그리스도인의 신앙이 일터와 관계가 없는 것이라면, 그런 신앙은 기독교가 아닌 다른 종교다. 기독교적인 길은 예수님의 말씀처럼 풍성한 생명이 넘치는 삶이다. 우리는 토요일과 일요일뿐 아니라 월요일부터 금요일까지도 생명의 삶을 경험해야 한다. 그러나 이것이 전부가 아니다. 다소 논쟁적으로 들릴지 몰라도 나는 평일의 일터가 일요일에 신자들이 모이는 곳보다 더 중요한 영성 현장이라고 믿는다. 왜 그런가? 일터는 일주일에 가장 오랫동안 *하나님*이 계시는 곳이기 때문이다. 그곳은 하나님을 대리하는 백성들이 있는 곳이며, 우리가 영적 싸움에서 싸워 이겨야 하는 권세들이 있는 곳이다. 그곳이 바로 *우리*가 있는 곳이다. 우리는 약점과 강점을 가지고 있지만.

우리는 일터에서 많은 도전들에 부딪힌다. 그러나 이런 도전들 속에서 우리는 사랑과 희락과 화평과 인내 같은 성령의 열매로 우리 자신을 새롭게 하고자 하는 심령의 간구를 하나님께 드린다. 일터에서 믿음으로 살아가려 노력하는 한국의 그리스도인들이 이 좋은 책을 읽으면 좋겠다. 듣고, 사랑하고, 기도하고, 인내하며, 성장하라!

폴 스티븐스 교수
IMT International Marketplace Transformation 대표,
리젠트 컬리지 Regent College 일터신학 석좌교수,
『21세기를 위한 평신도 신학』, 『일의 신학』, 『일터 신학』 등의 저자

십여 년 전부터 일터신앙에 관한 책들이 나타나기 시작했는데 대부분이 외국 책을 번역한 것들이었다. 다행히 최근 들어 우리나라 사람들의 글들이 등장하기 시작했다. 그 책들은 목회자들의 경우는 설교를 기본으로 한 글들이 많았고 평신도들의 글은 일터에서 경험한 삶에 대한 간증들이 대부분이었다. 모두 유익했지만 일터신앙을 심도 있게 다루지는 못한 아쉬움이 있던 차에 이효재 목사의 책 『일터신앙』이 나왔다. 이 책은 목회자와 평신도들이 쓴 두 종류의 일터신앙 이야기의 빈 부분을 채워주는 중요한 책이라고 생각된다.

이 목사는 자신과 다른 그리스도인들의 일터 경험을 돌이켜보면서 사색을 했고 그것을 성경적인 근거를 기초로 해서 다양한 학자들의 연구 결과를 인용하면서 아주 재미있게 풀었다. 딱딱하기 쉬운 주제를 정말로 재미있게 풀었다. 성경적인 직업관에 대해서는 이전에도 많은 사람들이 소개했지만 이 목사는 깊이와 넓이, 심각함과 재미의 균형을 유지하면서 이 주제를 소개했다는 면에서 치하할 만하다.

일터에서 하는 생활에 대해서는 사랑이라는 큰 주제로 현실적으로 경험하는 문제들을 조명했다. 성경적이면서도 실제적이라고 평가를 할 수 있다. 일터의 삶을 강조하면서 빠뜨리기 쉬운 경건생활의 문제도 충분히 다루었다. 기도는 개인의 경건이나 교회생활에서만 필요한 것이 아니라 일터의 삶을 위해서 필요하다는 점을 새삼 확인할 수 있었다. 가장 높이 평가할만한 것은 현실에서 경험하는 직업윤리 문제를 종말론적인 소망으로 풀어 놓은 것이다. 흑백논리에 빠지기 쉬운 문제에 대해서 신학적이면서 현실에서 적용할 수 있는 대안을 제시해주었다. 그리 두껍지 않은 책에 이런 요긴한 내용들을 차곡차곡 담아낸 이효재 목사의 노고를 치하한다.

방선기 목사
직장사역연합 대표

이 책은 단지 도서관에서 여러 서적들을 읽고 참고해 쓴 책이 아니다. 저자는 자신을 일터에서 일하는 모든 하나님자녀들을 돌보고 지지하고 위로하는 선교사로서의 소명자로 생각한다. 이 책은 일터에서 비인간화되기 쉽고 소진되기 쉬운 인간의 연약함을 이해하고 동정하는 목자의 마음을 고스란히 드러낸다.

저자는 이 책 전체에 걸쳐서 일터에 있는 모든 사람들에게 듣고, 사랑하고, 기도하고, 인내하고 종말론적 소망 속에서 현세적 일터에서 일어나는 크고 작은 일들을 신앙적으로 소화해내도록 권고한다. 저자는 일터의 모든 하나님자녀들이 하나님의 세상통치를 대행하는 왕 같은 제사장으로 살도록 격려한다. 일터는 단지 생계비를 버는 곳이 아니며 할 수 없어 하는 노예노동의 터전도 아니기 때문이다. 일터는 하나님이 정해주신 아름다운 소명의 구현 현장이며 우리의 전문지식과 영적 덕성으로 하나님을 사랑하고 이웃을 섬기는 현장이다.

이 책을 다 읽고 나면 독자들은 모든 바람직한 일에는 하나님을 예배하고 경외하는 요소와 이웃의 필요를 섬기는 요소 둘 다 갖춰져야 함을 깨닫게 될 것이다. 그리고 아무 생각 없이 별 감사 없이 다니던 일터가 바로 모세의 시내산 떨기나무 불꽃현장 같은 소명의 자리로 바뀔 수 있다는 것을 발견하게 될 것이다. 저자의 깊은 숙고와 일터의 하나님자녀들을 향한 상한목자의 심정이 잘 스며든 이 책이 부디 일터의 사람들에게 널리 읽히기를 간구한다.

김회권 교수
한국구약학회부회장, 숭실대학교 교목실장, 하나님나라연구소장

'이효재 목사님'이라는 호칭은 아직도 나에게 낯설다. 나와 이 목사님은 20년 전에 의왕시장과 출입 기자로서 뿐 아니라 한 동네 이웃으로 살던 기억이 생생하다. 이 목사님 기자 시절에 선하고 부드러운 심성을 봤기 때문에 목사가 되신 것이 전혀 놀라운 일은 아니다.

나는 이 책을 읽으면서 이 목사님이 일터에서 기자로 일할 때 고뇌했던 문제들이 무엇이었는지 잘 알 수 있었다. 나는 왜 일하는가? "나는 지금 지구의 한 모퉁이를 청소하고 있다네." 환경미화원이 빗질하면서 던진 한 마디 말이 신선한 충격으로 다가온다. 내가 하는 일을 하나님은 어떻게 생각하실지 나는 한 번도 생각해본 적이 없었다. 지금까지 나에게 일과 신앙은 별개였다. 일은 세상의 생명들을 생육하고 번성케 하는 하나님의 소명

이란 것과 하나님의 창조의 기쁨에 동참하는 것이라는 이 책의 논지가 내 가슴을 파고든다.

내가 목격하는 자본주의 사회에서 일터는 기쁨은커녕 언제 해고될지 모르는 불안에 떨면서 온갖 모욕과 폭언, 괴롭힘과 성희롱까지 감수하는 곳이다. 여기서 노동은 사고파는 물건이다. 노동이 사고파는 물건이 되면, 노동하는 사람도 상품이 된다. 사람이 노동에서 소외되면 일터가 지옥이 된다. 일터야말로 기도가 필요한 신앙의 현장이다.

정치인으로서 나는 사람을 만나는 것이 일이다. 많은 사람을 만나야 하는 지역구가 일터다. 내가 일하는 경기도 의왕, 과천에서도 나를 좋아하는 사람이 있고 미워하는 사람도 있다. 하나님은 그를 사랑하라고 하셨지만 똑같이 미워하며 복수하려는 나를 발견한다. 나를 괴롭히는 사람은 그가 아니라 나 자신이었다. 이 추천사를 쓰는 오늘 새벽기도에서 처음으로 그를 위해 기도했다. 내가 그를 심판하려 애쓴다는 것을 깨닫고 하나님 뜻대로 하시라고 기도했다.

본문 중에 "사람은 창조될 때부터 타자를 위해 창조됐다"는 말씀이 마음에 와 닿는다. 노동은 타자를 위하는 인간의 본성을 실현하는 가장 중요한 수단이라는 구절을 읽으면서, 봉사할 때 느끼는 기쁨이 바로 그 증거라는 생각이 들었다. 이효재 목사님은 이 기쁨이 일상에서 하나님께 몸으로 드리는 예배임을 일터에서 하루 종일 힘들게 살아가는 우리에게 쉬우면서도 신실하게 설명한다. 노동이 없는 신앙이 불완전한 것처럼 신앙이 없는 일터도 불완전하다는 것을 깨닫게 해주신 이효재 목사님께 감사드린다.

신창현 의원
제20대 더불어민주당 국회의원, 국회 환경노동위원회

나는 학창 시절 수많은 방황을 했다. 그 끝없을 것만 같았던 방황의 와중에 접했던 책이 『천국의 열쇠』(A. J. 크로닌 저)였다. 세속적인 성공에 눈 돌리지 않고 아무리 힘든 상황이 와도 한결같이 묵묵히 일하며 본분을 지켜나가는 주인공의 삶을 보며 눈물이 쏟아져 내렸다. 그 후 긴 방황을 접고, 더 이상 무책임하지 않겠다고 다짐하며 노력한 결과 지금의 내 일을 찾고 29년째 일하고 있다.

"우리가 알거니와 하나님을 사랑하는 자 곧 그의 뜻대로 부르심을 입은 자들에게는 모든 것이 합력하여 선을 이루느니라."(로마서8:28) 믿음의 아내를 만나고, 유학 첫날 기적과 같이 하나님과의 연결고리가 만들어진 이후 지금까지 살아오며 늘 되새겨 온 말씀이다. 일터에서 '우리(we) 의식'은 중보기도와도 같다. 일 때문에 만났지만, 비록 서로를 몰랐지만, 서로를 이해하고 사랑하는 마음이 싹트는 일터는 힘이 합하여져 결국은 선한 열매를 맺고 각자 일을 통해 보람과 존재 의미를 찾는 터전이 된다고 믿어 왔다.

이효재 목사님이 사막의 단비와 같은 책을 썼다. 이 목사님이 말하는 "일은 사랑이다"는 개념은 믿음 없는 사람들에게는 비현실적으로 들릴지 몰라도 믿음을 가진 성도들에게는 우리의 노동이 마땅히 지향해야 하는 참된 의미라는 면에서 충분히 현실적이다. 이 목사님은 일과 신앙이라는 주제를 놓고 평생을 연구하며 기도했기에, 이 책이 일과 일터에 대해 고민하는 수많은 믿음의 사람들에게 등불이 되리라 확신한다. 어느 날 한 권의 책을 통해 평생 살아가야 할 삶의 방향을 일깨워 주신 은혜처럼.

정형우 청장
고용노동부 중부지방고용노동청장

저자는 누구보다도 일과 신앙이 분리되어 고통 받은 삶을 몸으로 살아온 신앙인이다. "교회에서는 단 한 번도 왜 내가 일해야 하는지, 어떻게 일해야 하는지, 내가 일터에서 어떤 사람인지 등에 대해 가르침이나 목회적 돌봄을 받은 적이 없다"는 저자의 절규는 교회중심의 가치관에 붙들린 대부분의 교회 지도자와 신앙인들에게 비수가 되어 가슴을 찌른다. 저자의 이러한 고통은 저자의 고된 삶과 신학적 사색을 관통하여 매우 적절한 답을 만들어 주었다.

신앙의 자리는 교회만이 아니라 삶의 현장이요 무엇보다도 일터이어야 한다. 정작 신앙의 힘이 절실히 요구되고 또한 발휘되는 곳은 일터이기 때문이다. 사도 바울은 에베소 교인들에게 이렇게 권면한다. 일꾼을 세우는 목적은 "성도를 온전하게 하여 봉사의 일을 하게 하며 그리스도의 몸을 세우려 하심이라."(엡 4:12) 교회는 성도를 온전하게 하여 교회의 봉사자로만 세울 것이 아니라, 더 나아가 세상의 봉사자로 우뚝 서게 해야 한다. 그래야 세상에서 그리스도의 몸(하나님의 나라)을 세우게 된다.

저자는 "일은 일터에서 직·간접적으로 만나는 이웃들을 사랑으로 볼보라는 하나님의 뜻을 실현하기 위해 인간에게 주어진 하나님의 소명"이라고 정의한다. 이 책은 일터 그리스도인들이 일과 신앙이 하나 되는 삶을 살아갈 수 있도록 성서적이고, 신학적이고 또한 인문학적인 진술로 독자들을 감동적으로 설득하고 있다.

나는 일터에서 신앙인의 정체성을 고민하고 있는 일터 그리스도인들과 이들을 돌보아야 할 책임이 있는 교회의 지도자들에게 필독을 권하고 싶다. 또한 청년대학부의 성경 공부교재로도 적극 추천한다. 일터가 소명을 실현해나가는 행복한 하나님의 나라가 되는 길이 이 책에 담겨있다.

차준희 목사
한세대 구약학 교수, 한국구약학회 회장 역임, 한국구약학연구소 소장

평신도 단체인 기독법률가회(CLF)를 섬기면서 그리고 기독 법무법인에서 일하면서 이효재 목사님의 『일터신앙』을 읽고 참 반갑고 기뻤다. 이 책은 우리들의 절박한 일상적 고민에 대하여 친절하고 풍성하게 성경적 비전을 보여준다. 나는 이 목사님을 만난 적이 없지만 주님께서 앞서 15년간 직장생활을 하게 하시고 그 경험을 자양분으로 하여 일터신학을 공부하고 오늘날 한국의 일터 그리스도인들의 갈급한 필요를 채워줄 설교자와 상담자로 세우신 것에 감사한다.

책을 읽으면서 마치 오랜 기간 CLF 동역자로 함께 지내온 것처럼 친숙하게 느껴졌다. 읽기 쉽지만 내용은 결코 가볍지 않고 일터신학의 모든 조망과 적용을 풍성하게 담고 있어서 기독 직장인단체에서 기본교재로 활용하기에 매우 적합하다는 생각이 들었다. 이 책은 일터신앙이라는 다소 추상적이고 큰 주제를 손에 잡히게 나누어 일터의 소명(부르심)에 대한 듣기와 일터에서 살아가는 기본 동기로서 이웃사랑, 구체적 전략으로서 기도(특히 퇴근 시 기도에 관한 팁은 참 신선했다), 그리고 이미 오신 주님과 다시 오실 주님 사이에서 인내하며 종말론적 눈으로 일터를 바라보기로 배치했다. 각 주제들에 대하여 평신도들이 함께 읽으며 구체적 적용하기에 매우 적합하게 구성된 것 같다.

아무쪼록 한국사회의 공적 광장과 우리의 일상 일터에서 기독교가 현저하게 설자리를 잃어가는 이때에 일터의 그리스도인들이 다시 소성케 되는데 이 책이 귀하게 쓰일 것을 믿으며 일터 그리스도인들에게 진심으로 일독을 추천한다.

전재중 변호사
기독법률가회 대표, 법무법인소명 대표

이 책은 저자 자신의 신앙 여정 같은 책이다. 그렇기 때문에 사변적인 내용이 아니다. 사회에 발을 들여놓기 전에 모태에서부터 신앙을 지켜오다가 일간신문 사회부 기자라는 일과 자리에서 신앙인이 받는 도전을 충분하게 받았고, 신학훈련을 통하여 사회에서 경

험했던 고통의 시간들을 신학적으로 신앙적으로 반추한 내용들을 가감 없이 소개했다.

독자에게는 이 책이 세 가지 유익을 준다. 첫째, 생각하게 만든다. 각각의 주제를 다룰 때 신학자들의 의견을 소개하면서 독자들이 함께 생각하도록 유도하고 있다. 둘째, 순종하게 만든다. 풍부한 성경구절 소개와 적절한 해석은 독자를 하나님 앞에 서게 한다. 셋째, 행동하게 돕는다. 일터현장에서 일어났던 실제의 상황들을 소개하면서 독자들로 하여금 자기도 모르게 결단하고 따르게 돕는다.

이 땅의 많은 성도들이 이 책을 통하여 더 깊이 생각하고, 순종하며, 일터에서 하나님을 더 많이 경험하게 되기를 간절히 기대한다.

이대경 원장
IMT Asia 대표, 이철규이대경치과 원장, 건대중국인교회 사역자대표

따뜻하다. 이 책의 원고를 읽고 처음 느껴진 마음이다. 이효재 목사님의 따뜻한 사랑의 권면이 들리는 듯 했다. 일터의 냉정하고 살벌한 현실에 대해 따뜻한 시선으로 바라볼 수 있도록 도움을 준다. 정글과 같은 세상 속에서 치열하게 살아 내기 위해 몸부림하는 영혼들을 향한 따뜻한 시선이 느껴지는 글이다. 구체적이다. 성경적 예와 삶의 이야기들을 통해 아주 구체적으로 일터신학과 일터의 상황을 이해하고 접근하기 쉽도록 구체적인 언어들로 풀어서 설명해 주었다. 실제적이다. 선택하기 쉽지 않은 애매하고 까다로운 상황에 대해서도 애매하거나 추상적인 대답을 하지 않고 오히려 직접적이고 현실적이면서도 신학적인 뒷받침으로 모든 선택에 실제적인 가이드라인을 제공한다. 균형 잡혀 있다. 신학함과 신앙함, 이해와 적용, 현실적 대안과 종말론적 소망 등이 잘 균형 잡힌 글이다. 부디 이 책이 한국 교회 안에 일과 신앙의 분리로 인해 많은 혼란을 겪고 있는 정글 속의 영혼들에게 생수요 소망이 되어 일터신앙이 온전히 세워지는 좋은 통로의 역할을 감당하기를 기도한다.

윤은성 목사
한국어깨동무사역원장, 어깨동무기독학교 교장

일터신학의 대가이신 폴 스티븐스 교수에게 수학한 저자답게 책의 제목이 『일터신앙』이다. 그리스도인이 일터에서 어떤 모습으로 살아야 하는지를 오래 묵힌 음식처럼 깊은 맛을 내는 글로 담아냈다. 길지 않은 글이지만 일터신앙에 대한 역사적, 성서적, 인문학

적 조명이 균형감 있게 전개되고 있다. 무엇보다도 만만치 않은 우리의 일터 상황과 그 속에서 그리스도인으로서 겪을 수밖에 없는 갈등과 고민을 반영한 글과 사례들이 눈길을 끈다. 한 번쯤은 경험했을 법한 우리들의 이야기이기 때문이리라. 저자의 직장생활과 그 후의 신학공부, 그리고 일하는 그리스도인들에 대한 애정 어린 고민이 있었기에 가능했으리라 여겨진다.

폴 스티븐스 교수의 저작에 익숙한 사람들에게는 우리의 상황에 맞게 익숙한 곡조로 멋지게 변주된 음악을 듣는 듯 할 것이다. 치열한 경쟁과 갈등 속에 있는 일터에서 그리스도인으로서 어떤 모습으로 살아야 할지 고민하는 분들에게 이 책이 등대처럼 길잡이 역할을 해줄 수 있을 것이다. 생존 경쟁의 현장이 되어버린 다양한 일터에서 이 책의 또 다른 멋진 변주곡들이 만들어지고 주위 사람들에게 들려지기를 소망한다.

이학상 원장
이노아치과

최근 '일터' 혹은 '비즈니스 현장'에 대한 담론의 확산과 더불어 관련 책들이 많이 나오는 현상은 "일상생활은 하나님을 향한 예배로 이웃을 위한 섬김이다"고 강조하는 나에게 매우 반가운 일이다. 그 중에서도 『일터신앙』은 신문사라는 '일터'에서 처절하게 살던 저자가 '일터신학'의 구루라 할 수 있는 밴쿠버 리젠트 칼리지의 폴 스티븐스 교수에게 수학하며 익힌 일터신학의 관점을 신앙인 누가 읽어도 너무나 쉽게 이해할 수 있고 실행할 수 있도록 잘 풀어내고 있는 책이다.

성경적 관점과 실제적 사례가 잘 버무려져 있을 뿐 아니라 모호한 일터의 현실과 신앙인의 고뇌를 이해하는 저자의 마음을 느낄 수 있는 책이다. 특히 우리가 일터에서 실천해야 할 아가페 사랑에 대한 저자의 논의와 일터 현실에서 불가피한 타협에 대한 진술이 설득력 있게 다가왔다. 소명에 대한 저자의 다음과 같은 정의는 황홀하기까지 하다. "소명은 세상 한 가운데 있는 일터에서 그리스도와 함께 성령의 도움으로 하나님의 말씀에 순종하려는 의식적이고 지난한 과정을 성실하게 인내하는 사람들에게 주어지는 삼위일체 하나님의 특별한 선물이다." 신앙인이라면 반드시 일독할 것을 권한다.

지성근 목사
일상사역연구소 대표

우리는 예수 그리스도의 제자와 군사로 일터에 파견 받은 그리스도인이라는 말을 듣는다. 우리는 자주 각자의 일터에 하나님 나라가 임하고 일터 문화와 동료를 변혁시키는 삶을 살아야 한다는 얘기를 듣는다. 머리로는 동의하면서도 실제 상황에서는 제자의 모습에서 한참 벗어난 자신을 보면서 좌절감과 죄의식으로 위축되기도 한다. 믿음의 이상과 직장의 현실이 번번이 모순되고 충돌한다. 우리는 소명으로 살아가기에는 너무 벅찬 현실의 벽에 종종 부딪힌다.

이런 일터 그리스도인들에게 이 책을 꼭 읽어보라고 추천한다. 이 책을 통해 많은 그리스도인 직장인들이 하나님 안에서 격려와 위로를 받고, 일터 가운데서도 기쁨이 충만한 삶을 살아가는 분들이 많이 나올 수 있기를 함께 기도한다.

조우식 책임
LG디스플레이

세속화된 시대를 살고 있는 그리스도인들이 느끼는 가장 큰 괴리감은 바로 일터와 교회에서 신앙의 불일치를 경험하는 것이다. 신앙이 좋다고 하는 청년들도 직장에서는 일의 의미와 자신의 정체성을 찾지 못해 혼란과 좌절을 겪지만, 그동안 교회는 적절한 해답을 주지 못했다. 직장은 그저 돈을 버는 곳이고, 그렇게 얻은 수입을 통해 교회와 이웃을 섬기는 것이 바른 신앙이라고 가르쳐왔다. 그러나 이 책은 돈 벌기 위한 생계 수단으로서의 노동 개념을 전복시킨다. 노동 그 자체가 하나님이 주신 소명이며, 이웃을 사랑하는 행위다. 이것을 시작으로 저자는 어떻게 우리가 일터에서 신앙을 간직하며 살 수 있는지를 친절하게 안내해 준다.

한국적 상황을 담은 일터신앙 입문서가 나왔다는 사실이 반갑고, 이를 위해 오랜 기간 준비해 온 저자의 노력에 박수를 보내고 싶다. 이 책이 일터를 무대삼아 살아가고 있는 청년들의 필독서로 자리매김하기를 바란다. 아울러 그들을 상담하고 지도해야 할 목회자들에게도 마찬가지로 일독을 권한다.

조경형 목사
후암교회 청년회 지도

이효재 목사님과의 인연은 두 해 전 회사 선배님이 소개해준 일터신학 강좌에서 시작되었다. 나는 삼성증권 입사 후 12년 동안 직장생활을 하면서 직장에서 그리스도인이라는 선배들이 회사에서 좋지 않은 평판을 받는 것을 종종 보면서 어떻게 신앙인으로서 직장생활을 해야 할지 고민하던 참이었다. 정신없이 바쁜 직장생활 중에 힘들게 매주 수요일 밤에 강의를 들으면서 일과 신앙이 하나 되는 삶에 목말랐던 갈증이 조금씩 풀려갔다.

나는 이 목사님의 세 가지 일터신학 강의를 모두 수강했다. 이 목사님은 신앙인이 일터에서 신실하게 살아가는 어려움을 잘 이해해주었다. 나도 금융기관에 다니다보니 고객의 이익과 회사의 이익이 일치하지 않을 때가 종종 생기는데, 목사님은 성서적인 관점으로 현실 속에서 어떻게 대처해야 하는지 쉽게 설명해주었다.

이 목사님은 강의에서 그리고 이 책에서 그리스도인이 직장이라는 일터에 반드시 가지고 가야 할 준비물은 결국 '사랑'이라는 것을 강조한다. 「제5원소」라는 영화에서 지구를 지킬 마지막 5원소가 결국은 사랑이었듯이 사랑은 말하기는 쉬워도 실천하기는 참으로 어렵다. 그럼에도 불구하고 직장생활에서 아무리 능력이 뛰어나도 사랑이 없다면 하나님 보시기엔 아무것도 아니다. 나는 이 목사님의 가르침을 직장생활에 적용하려 노력하면서 사랑이 가장 중요하다는 점을 자주 깨닫는다. 마침 이 목사님의 오랜 노력이 결실을 맺어 드디어 책으로 나왔다. 이 책을 통해 많은 그리스도인 직장인들이 일터와 신앙의 균형점을 찾는 여정을 떠나보시기를 바란다.

김용범 차장
삼성증권

Contents

추천사	4
감사의 글	17
프롤로그 - 왜 일하는가?	23

1장 들으라 - 하나님의 부르심 듣기 ... 37

소명으로 하는 일은 재미있고 의미가 있다	38
'하나님의 형상'으로 창조된 인간은 '일하라'는 소명을 받았다	44
다스리고, 경작하고, 지키라	49
생육하고 번성하라	56
타락한 세상에서 소명으로 일하려면, "들으라!"	59
일의 소명은 교회에서 오랫동안 잊혀졌다	65
일의 소명은 종교개혁의 위대한 유산이다	68
그러나 일에 대한 과도한 강조는 위험하다	73
요셉, 하나님의 소명에 충실했던 정치인	76
일은 '생명에 봉사하라'는 하나님의 소명이다	80

2장 사랑하라 - 그리스도의 제자로 일하기 ... 81

돈보다 사람이 우선이다	82
예수님의 제자로서 타자(他者)를 위하여 일하라	86
하나님 나라의 씨앗을 뿌리는 외로운 일꾼	91
제자는 일터에서 "사랑하라"는 명령을 실천한다	94
하나의 예, 루터의 '의로운 가격'	97
일터에서 사랑은 다양한 모습으로 표현된다	99
가장 먼저 표현되어야 하는 사랑은 정의(justice)다	102
일터에서 사랑은 공의(righteousness)로 나타나야 한다	107
일터에서도 자비(mercy)의 사랑은 중요하다	111
탁월하게 그리고 창의적으로 사랑하라	115
룻과 보아스, 사랑의 노동으로 하나님의 구원 역사에 동참하다	121

우리도 일터에서 '포도원 주인'처럼 사랑할 수 있을까?	124
일로써 이웃을 사랑하라	127

3장 기도하라 - 영적 훈련으로 하나님과 함께 일하기   129

영적 훈련 없이는 소명으로 일할 수 없다	130
성령과 함께하는 영적 훈련으로 갈등을 극복하라	132
일터에서 소명자로 살기 위해 기도 훈련을 하라	135
바쁜 일터에서 이렇게 기도하라	141
무엇을 기도할까?	151
일을 중단하고 안식하라	155
안식은 생명을 거는 예배 행위다	157
일상의 삶이 반짝거리고 윤택해지려면 안식을 연습하라	162
다니엘, 위험한 일터에서 목숨 걸고 기도하며 승리하다	170
영적 훈련으로 일하라	173

4장 인내하라 - 종말론적 소망으로 일하기   175

한계와 모호함 안에서 소명의 길을 걷다	176
소명은 믿음과 함께 형성되어간다	182
소명은 종말론적 소망 안에서 인내하며 자란다	186
소명의 이상과 현실 사이에서 타협은 가능할까?	192
종말론적 소망으로 일하기	198
야곱, 하나님의 약속을 믿고 인내하며 때를 기다리다	212
종말론적 소망은 소명의 삶을 위한 엔진이다	215

에필로그 - 소명과 일상, 그리고 교회   217

오늘도 일터에서 분투하는 그리스도인들에게	218
일터 그리스도인들을 돌보아야 하는 목회자들에게	226

각 장의 주	235
추천도서	240

일터신앙

Listen
Love
Pray
Endure

감사의 글

    2001년 가을. 내 청춘을 바친 15년간의 직장 생활을 마치고 신학 공부를 시작할 때, 나는 하나님께 서원했다. "나처럼 직장에서 일과 신앙이 분리돼 고통 받는 그리스도인들을 위해 좋은 글을 쓰겠습니다." 이 서원은 지난 17년 동안 내 꿈이었다. 서원을 지키기 위해 일터신학을 공부하고 목회하면서 노력했지만, 길은 쉽게 열리지 않았다. 때론 꿈이 사라지는 듯 했다. 좋은 글은커녕 단 한 줄의 문장도 쓸 수 없었다.

    최근에야 깨달았다. 좋은 글은 좋은 사람에게서 나온다는 사실을. 글 쓰는 기술과 지식을 배워 열심히 노력하면, 한 두 번은 좋은 글을 쓸 수 있다. 계속 좋은 글을 쓰려면 먼저 사람이 되는 노력을 해야 한다. 지난 17년 동안 나는 수없이 좌절하고, 우울해 하고, 분노하며, 허탈하고, 괴로워했다. 그럼에도 불구하고 내가 일터신학 공부와 연구,

그리고 사역을 포기하지 않을 수 있었던 이유는 하나님께서 때에 따라 적절한 은혜와 사랑을 베풀어주셨기 때문이다. 하나님은 나를 밀고 당기시면서 내 영혼이 그리스도의 십자가를 통과해 하나님 자신에게 쏠리도록 이끌어주셨다. 하나님은 나의 모든 것이다. 하나님, 감사합니다!

그렇게 씨름하던 세월 내내, 하나님을 알면 알수록 세상이 더 잘 보였다. 세상이 얼마나 하나님으로부터 빠른 속도로 멀어지는지도 보였다. 그리스도인들이 이런 세상 한가운데서 일하며 산다는 것이 얼마나 고통스럽고 어려운지 더 절실하게 다가왔다. 더 이상 머뭇거릴 수 없었다. 아직도 나는 준비완료 상태가 아니라고 생각하지만, 일터 현장 속의 그리스도인 지인들은 나에게 재촉했다. 그들에게 도움이 될 만한 글들을 빨리 써달라고 했다. 내가 완숙될 때까지 기다리라고 했지만, 언제까지 기다리라고만 할 수 없었다. 그래서, 지난 연말부터 목회하는 가운데 틈틈이 글쓰기를 시작해서 이제 겨우 원고를 마치고 출판사에 넘겼다.

그동안 내 일거수일투족을 가장 가까이에서 지켜보며 항상 나를 지지해주고 기다려준 아내 조은숙 자매에게 말할 수 없이 큰 도움과 사랑을 받았다. 이 책은 아내의 것이나 다름없다. 아내가 없었으면 나는 여기까지 올 수 없었다. 때론 부드러운 위로로, 때론 무서운 채찍으로 우유부단한 나를 앞에서 이끌고 뒤에서 밀어주었다. 직장 생활을 정리한 뒤로 신학교와 교회에서 거의 경제적 무능력자로 살았던

나 대신 아내는 일터에 나가 우리 가족을 먹여 살렸다. 아내는 내 일터신학의 충실한 학생이며, 증인이자, 감독관이다. 아내는 내가 자기에게 했던 말을 글로 쓰면 많은 그리스도인들에게 도움이 될 것이라고 격려하고 재촉했다. 아내에게 허리 숙여 감사의 마음을 전한다.

나는 이 책을 쓰는 동안 새물결플러스아카데미의 김요한 목사님을 생각하면서 감사했다. 김 목사님은 2015년 10월 하순 아카데미를 시작하면서 나에게 일터신학 강의를 하도록 배려해주었다. 일터신학을 펼칠 기회가 없어 거의 포기하던 때였다. 나는 새물결아카데미에서 강의하면서 내 일터신학을 다듬었다. 김 목사님은 나보다 더 힘든 상황에서도 나를 위해 기도하고 격려해주었다. 은혜를 잊지 못한다.

터치바이블선교회 대표 강신덕 목사님은 2003년부터 캐나다 밴쿠버 리젠트 칼리지에서 함께 신학을 공부하며 교제했던 친형제나 다름없는 사이다. 강 목사님은 나의 일터신학을 적극 지지하고 풍성한 신학적 상상력으로 도움을 주었다. 기획력이 탁월한 강 목사님은 네 가지 동사(들으라, 사랑하라, 기도하라 그리고 인내하라)를 키워드로 정리하는데 도움을 주었다. 그리고 2017년 10~11월 4주 동안 동역하는 김진산 목사님의 타치바이블아카데미에서 성서신학적 관점으로 '일터신학'을 강의할 수 있도록 기회를 열어 주었다. 강 목사님은 일터신학 책과 워크북을 오늘의 교회에서 청장년 대상 성경공부 교재로 널리 사용해야 한다고 지속적으로 나를 설득했다. 덕분에 이 책이 나오게 되었다.

더불어 고생한 도서출판 TOBIA 오인표 전도사님과 김일권 목사님, 지동혁 집사님에게도 감사를 드린다. 그리고 터치바이블아카데미에서 이 책의 네 가지 이야기들을 성서적으로 그리고 신학적으로 다듬는데 도움을 주신 김진산 박사님과 강안일 박사님에게도 진심으로 감사드린다. 그들의 성서 언어적 해박함과 현대신학적 절묘함들이야 말로 나의 강의와 책이 있게 해 주었다.

숭실대 김회권 교수님은 내 일터신학을 누구보다 잘 이해하시고 신학적 목회적 도움을 많이 주셨다. 나는 김 교수님의 지도를 받으며 모세오경을 중심으로 『안식과 노동』이란 제목으로 박사학위 논문을 쓰면서 하나님 나라 관점에서 구약성서를 새롭게 읽고 일터신학을 훨씬 더 설득력 있게 가다듬을 수 있었다. 김 교수님께 감사의 말씀을 드린다.

나에게 일터신학을 처음 가르쳐주신 분은 리젠트 칼리지의 폴 스티븐스 교수님이다. 스티븐스 교수님은 달리 설명이 필요 없을 정도로 세계적인 명성을 얻고 있는 일터신학자다. 교수님은 우리의 신앙이 어떻게 일과 하나가 되어 우리 자신의 삶을 풍성하게 하고 세상에 하나님 나라를 심을 수 있는지 깨닫게 해주셨다. 신학이 우리 일상을 어떻게 새롭게 만드는지 자신의 학문과 인격과 여행을 통해 보여주셨다. 올해 여든 둘이신 교수님은 여전히 세계를 돌며 강의하신다. 교수님, 제 인생 최고의 스승이 되어주셔서 감사합니다.

이 책이 앞으로 한국의 일터 그리스도인들을 위해 잘 사용되도록 기도해주시고 격려해주시는 이학상 장로님을 비롯한 작은씨앗교회 모든 성도님들에게 감사의 말씀을 전하다. 책 집필로 목회에 전념하지 못할 때에도 우리 교회 성도님들은 나를 지지하고 격려하고 따라와 주었다. 담임목사를 소유하기 보다는 하나님의 손에 이끌려 사용 받기를 바라는 그들의 마음이 얼마나 따뜻하고 아름다운지 모른다.

  나는 그동안 내 일터신학 강의를 듣고 반응해주신 형제자매들에게 빚을 지고 있다. 그들의 반응을 보면서 나는 강의안을 지속적으로 보완했다. 그들과 함께 한 강의안이 이 책의 출발점이 되었다. 감사를 드린다. 앞으로 이 책이 일터에서 신실한 그리스도의 제자로 살고 싶은 이 땅의 형제자매들에게 유용하게 사용되기를 바란다.

2018년 3월
삼성산 기슭에서
이효재

일터신앙

Listen

Love

Pray

Endure

프롤로그
왜 일하는가?

『일터신앙』 집필을 마무리하던 즈음 서울의 한 교회 청년 수양회 특강을 맡게 되었다. 나는 강의를 시작하기 전 청년들에게 "직장에서 일하기 싫은 사람들은 손들어 보라"고 요청했다. 모임 가운데 절반 정도가 손을 번쩍 들었다. 직장에서 일하기 좋아하는 청년들은 거의 없었다. 손 든 청년들 가운데 한 명이 농담을 던졌다. 우리는 박장대소했다. 그리고 그 말에 공감했다. "목사님, 일 안 하고 매일 놀고 싶어요."

나 역시 매일 아침 직장으로 출근하던 과거 15년 동안은 이 청년들과 그리 다르지 않았다. 매 주일 저녁이 되면 마음이 무거워졌다. 월요일 출근할 생각만 하면 스트레스가 몰려왔다. 차라리 정신없이 바빠지는 월요일이 더 편했다. 이제 직장을 떠나 신학 공부와 목회에 전념한지 17년이 흘렀다. 예나 지금이나 일하러 나가는 사람들의 발걸음은 여전히 무겁다.

우리는 왜 일을 힘들어 할까? 매우 이성적이고 합리적이고 윤리적이라는 평가를 받는 독일 직장인들도 우리와 마찬가지인 모양이다. 독일 회사원들을 대상으로 30년 동안 커리어 컨설팅을 해온 마르틴 베를레는 독일 회사들을 '정신병원' 같은 곳이라고 폭로했다. 그는 독일 회사들을 깔끔한 레스토랑 뒤에 숨겨진 지저분한 주방에 비유하며 회사는 온갖 정신병들로 가득 찼다고 신랄하게 비판했다.[1] 일에서 스트레스 받는 현상은 세계 공통인가 보다.

우리가 일을 좋아하지 않고 기피하는 현상은 아주 오래 됐다. 구약

성서 창세기의 창조 이야기는 첫 사람 아담이 타락 이후 땀 흘리고 수고하며 일해야 먹고 살게 되었다고 설명한다. 가시덤불과 엉겅퀴가 땅을 경작하는 아담의 노동을 괴롭히기 때문이다. 기원전 4세기 인물인 아리스토텔레스는 인간이 먹고 살기 위해서 하는 일을 노예들이나 하는 노동으로 깎아 내렸다. 생존을 위한 일은 인간을 다른 동물들과 구별하지 않기 때문이라고 했다.

조선시대 유학(儒學)을 신봉한 양반들은 논밭이나 시장이나 공장에서 하는 일을 평민들의 몫으로 떠넘겼다. 육체노동은 사람과 나라의 덕을 키우는데 별로 도움이 되지 않는다고 믿었다. 19세기의 칼 마르크스는 자본주의 시장에서 노동자들의 노동을 자본가들에게 돈 받고 팔아버린 영혼 없는 상품이라고 비판했다. 마르크스는 노동자들이 아무리 열심히 일해도 그 결과는 노동자 자신과 상관없이 '소외된 노동'이 된다는 비판적 해석으로 공산주의 운동을 이끌었다.

현대인들은 노동에 대해 부정적인 전통적 인식을 나름 극복한 것처럼 보인다. 요즘 직장에 나가 일하는 것을 노예노동으로 여기는 사람은 거의 없다. 마르크스의 노동소외론도 노동자의 자의식 발전과 노조활동 등으로 변화된 우리 시대 노동시장에 그대로 적용하기에 적합하지 않다. 마르크스적 공산주의는 몰락했다. 이제는 모두가 스스로 자기 일을 해서 먹고 살아야 한다고 믿는다. 자본주의 시장경제 안에서 살아가는 사람들은 스스로 자신의 노동을 결정할 권리와 의무를 가지고 일한다. 그런데도 우리는 여전히 일하러 가기 싫어한다.

독일 철학자 스베냐 플라스푈러가 예리하게 분석한 것처럼, 현대인들은 타인의 인정을 받기 위해 열심히 일하며, 인정받는 향락을 누리려고 한다. 하지만 그 인정받는 일 또한 스스로 즐거워서 하는 것이 아니다. 타인이 인정해주는 성과로 즐거움을 '느끼는' 것 역시 애를 써야 하는 고통스러운 노동일 따름이다.[2] 현대인들은 모두 자기 성공이라는 환상에 취해 '나는 할 수 있다'는 자기 최면을 거는지도 모른다. 재독 철학자 한병철은 현대인들이 자신을 무한대로 착취해 최대한의 성과를 올리려고 쉬지 않고 일하지만, 그 결과로 돌아오는 것은 탈진과 피로 뿐이라고 안타까워한다.[3]

타락한 아담의 후예인 우리들에게 일은 본질적으로 힘들고 수고롭고 원하지 않는 것이다. 아마 예수님이 재림하실 때까지 우리의 모든 일들은 계속해서, 여전히 피곤하고 짜증나는 것일지 모른다. 세상의 모든 악이 제거될 때까지 우리가 매일 출근하는 일터에서 온전한 천국을 기대하는 것은 무모한 소망일지 모른다.

그리스도인들은 이렇게 부질없고 피곤하며 짜증나는 일터를 단지 하나님을 신앙하는 것과 무관한 곳으로 여겨야 할까? 일터는 원래 그런 곳이라고 생각해야 할까? 우리가 매일 하는 일을 신앙과는 전혀 별개의 다른 영역으로 이해해야 할까? 그렇다. 몇몇 사람들에게 이것은 확실히 효과가 있는 개념 정리이다. 예수 믿는다고 고백하는 사람들 상당수가 실제로 일과 신앙을 서로 다른 영역으로 분리시키는 경우가 다반사다.

그러나 이것은 명백히 잘못된 신앙이다. 2014년 4월 16일 진도 앞바다에서 세월호 참사를 일으킨 청해진해운은 자칭 그리스도인이라고 주장하는 구원파 신자들이 운영했다. 그들의 일터에서 신앙은 아무런 의미도 없었다. 검찰 수사와 재판 과정에서 청해진해운은 세월호를 운항하면서 많은 불법과 비리를 저질렀다는 사실이 밝혀졌다. 그들은 일과 신앙을 무관한 것으로 보았지만, 세상 사람들은 "신앙인이 그렇게 일하면 안 된다!"고 따진다.

그리스도인들은 일터를 천국으로 만들지는 못할지라도, 천국 같은 곳으로 만들기 위해 노력하는 사람으로는 보여야 한다. 그리스도인들은 적지 않은 불신자들이 그들에게 "우리와는 다르게 살아 달라"고 마음으로 요구한다는 사실을 알아야 한다. 그리스도인들은 세속적인 성공을 추구하는 사람과 다를 것이 없다는 평가를 받지 말아야 한다.

그리스도인은 세상 안에서 세상에 속한 사람으로 살다가 예수님의 복된 소식으로 부르심을 받고 거듭 태어나 다시 원래 있던 세상으로 보냄을 받은 '새 피조물'이다(고전 5:17). 예수님은 자신을 믿고 따르는 제자들이 세상을 떠나기를 바라지 않으셨다. 오히려 예수님은 제자들이 세상 안에 남아 세상에 속한 사람이 아니라 그리스도에 속한 사람으로 살기를 바라셨다(요 17:14~19).

그리스도인들은 세상 안에서 살지만 세상에 소속되지 않은 존재로 살면서 세상이 놀랄만한 삶의 방식을 드러낸다. 그리스도인들은 타자를 위해 존재하도록 하나님으로부터 먼저 사랑을 받은 사람이다. 루터가 말했듯이, 그리스도인들은 스스로 사람의 모양으로 종의 형체를 가지고 오신 그리스도의 은혜와 사랑을 따라 자발적으로 이웃을 사랑으로 섬기고 싶어 종의 자리로 내려가는 사람이다. 일터 그리스도인들 역시 마찬가지다. 그들은 일터에서 이타적 존재가 되어야 한다.

하나님은 세상을 당신의 은혜로운 기쁨으로 가득 채워주시겠다고 약속하셨다. 이사야는 이렇게 노래했다. "보라, 내가 새 하늘과 새 땅을 창조하나니 이전 것은 기억되거나 마음에 생각나지 아니할 것이라. 너희는 내가 창조하는 것으로 말미암아 영원히 기뻐하며 즐거워할지니라. 보라, 내가 예루살렘을 즐거운 성으로 창조하며 그 백성을 기쁨으로 삼고"(사 65:17~18).

하나님의 이 놀라운 소식은 오늘도 그리스도를 통해 우리에게 전해진다. 그리스도의 복음은 우리를 새롭게 한다. 매일 출근하는 일터에서도 마찬가지다. 그리스도인들은 정말로 일터에서 기쁨으로 일하면서 살아갈 수 있을까? 그런데 왜 많은 그리스도인들이 여전히 일하러 가기 힘들어 할까? 월요병은 치유될 수 있을까? 나의 대답은 "예스"다. "예스"이지만 완전한 "예스"는 아니다. 우리가 신앙으로 일하는 의미와 방법을 알고 실천하는 만큼 "예스"다.

우리의 일터는 하나님의 구원이 필요하다. 있으면 좋고 없어도 그만일 정도로 필요한 것이 아니라 아주 시급하다. 많은 통계 수치들이 일터에 하나님의 구원이 시급하다는 사실을 뒷받침하고 있다. 80% 이상의 직장인들이 우울증과 스트레스에 시달리고 있다는 언론 보도가 한 둘이 아니다. 해가 갈수록 일터 상황은 악화되고 있다. 하나님은 이 세상을 사랑하여 독생자 예수 그리스도를 이 땅에 보내셨다(요 3:16). 이 세상은 악이 지배하는 어둠과 죽음의 세상이다. 이 세상 안에 일터가 있다. 하나님은 당연히 일터를 구원하시기를 바라신다.

하나님은 어떻게 일터에 구원의 은혜를 내리실까? 지금 당장 우리에게는 세세한 일터 상황에 대한 하나님의 구체적인 구원계획에 대한 정보가 없다. 그러나 하나님께서 당신의 백성들을 일터로 보내 그들과 함께 하게 하시고 최종적으로 그들을 구원하신다는 원리는 알고 있다. 그리고 실제로 그 일은 일터 곳곳에서 일어나고 있기도 하다. 중요한 것은 이제부터 우리 그리스도인들이 가져야 하는 의식과 사명, 사역이다. 하나님은 그리스도인들을 부르시고 일터로 보내 그 한복판에서 하나님의 뜻대로 살아가라고 하신다. 우리는 이제 선교적으로 새로운 이슈가 되고 있는 일터를 향하여 나아가야 한다.

이 책은 성서적, 신학적, 혹은 인문학적 사유를 바탕으로 하나님이 어떻게 그리스도인들을 일터로 보내 신앙으로 일하게 하시며 구원을 베푸시는지에 대한 정보를 소개한다. 우리가 일에서 기쁨을 누리려면 일하는 의미를 새롭게 발견해야 한다. 일과 일하는 자신을 이해하는 사고의 프레임을 바꿔야 한다.

사람들은 자기 생존을 해결하기 위해 일한다고 생각한다. 생존 경쟁 현실에서 살아남으려면 열심히 일해야 한다고 믿는다. 영 틀린 이야기는 아니다. 그러나 성서에서 일은 자기 생존을 위한 수단에 머물지 않는다. 성서는 이보다 훨씬 더 적극적인 차원에서 일의 의미를 제공한다. 일은 일터에서 직접적 간접적으로 만나는 이웃들을 사랑으로 돌보라는 하나님의 뜻을 실현하기 위해 인간에게 주어진 하나님의 소명이다. 그리스도인들은 자신의 욕망이나 뜻이 아니라 창조 세계를 향한 하나님의 뜻을 이루기 위해 일하러 간다.

이 책 첫째 장 "들으라"는 그리스도인들이 일터에서 기쁨을 누리며 일하기 위해서는 무엇보다 일이 하나님의 소명이라는 사실을 깨달아야 한다고 강조한다. 우리는 '하나님의 형상'으로서 창조 세계를 다스리고, 경작하고, 지켜야 한다. 우리가 일하는 목적은 하나님이 창조하신 피조물들의 생명이 생육하고 번성하여 땅에 충만하도록 돕는 것이다. 우리는 하나님의 대리 통치자로서 생명의 복을 약속하신 하나님 대신 일한다. 그리스도인은 다른 사람들이 잘 살 수 있도록 일하며 기쁨을 누리는 사람이다. 우리가 하나님의 충실한 일꾼으로 일터에서 일하려면 소명을 주시는 하나님의 말씀에 귀를 기울여 들어야 한다.

교회는 불행하게도 오랜 세월 동안 이 노동 소명론을 발견하지 못했다. 16세기 루터는 이신칭의(以信稱義)와 만인제사장 교리로 종교개혁을 수행하면서, 성직자나 평신도 구분할 것 없이 모든 그리스도인들의 일이 하나님의 소명이라는 사실을 비로소 이해했다. 그러나 성서는 오래전부터 이미 일터에서 하나님의 부르심을 듣는 일의 가치를 이야기해왔다. 요셉이야기가 대표적이다. 따라서 오늘의 그리스도인들은 하나님께서 힘한 일터 환경에서도 말씀에 귀 기울여 듣는 하나님의 부름받은 사람들을 통해 생명을 구원하신다는 약속을 마음에 되새겨야 한다.

둘째 장 "사랑하라"는 하나님이 소명으로 주신 일의 결과와 본질이 사랑이라는 사실을 다룬다. 하나님이 보여주시고 우리에게 원하시는 사랑은 예수 그리스도의 십자가에서 가장 극명하게 보여주신 아가페 사랑이다. 그리스도인들은 일터에서 어떻게 사랑을 실천해야 할까? 아가페 사랑에는 정의, 공의, 자비와 같은 하나님의 성품이 담겨 있다. 하나님은 우리를 위해 자기를 내어주신 사랑의 하나님이다.

그리스도인들이 하나님의 성품을 닮아갈수록 일터에서 이웃을 사랑하려는 마음은 크게 자란다. 일터로 부름받은 그리스도인들은 이 사랑으로 자신의 권력을 휘두르려는 욕망을 잠재우고, 일하기 힘들어 하는 동료들을 배려하고, 부족한 사람들을 도와준다. 그리스도인들이 사랑을 믿음으로 의지로 실천하려 할 때, 일터는 성공을 향해 각축하는 '정글'이 아닌 하나님의 은혜가 임하는 '성소'로 서서히 변한다. 우리는 보아스의 추수 밭에서 노동하던 룻의 사례를 통해 하나님이 왜 우리에게 사랑으로 일하라고 말씀하셨는지 이해할 수 있다.

셋째 장 "기도하라"는 그리스도인들이 소명으로 일하기 위해 필요한 영적 훈련을 언급한다. 여전히 사람들의 욕망들이 꿈틀대며 수많은 죄악들이 일어나는 일터에서 소명으로 일하려면, 방해하고 유혹하는 악의 세력이 걸어오는 지속적인 영적 싸움에서 이겨야 한다. 노동 소명은 기도와 안식 등의 영성 훈련 없이 현실화되기 어렵다.

일터에서 가장 시급한 영성 훈련은 기도하고 안식하는 것이다. 우리는 가능한 자주 일터에서 만나는 사람과 업무를 위하여 하나님의 뜻과 지혜를 달라고 간구해야 한다. 다니엘은 타인의 생명을 탐하는 살벌한 일터(왕궁)에서 기도하며, 순교하기를 불사하는 믿음으로 그 상황을 이겨낸 용감한 일꾼이었다. 그리스도인들은 또한 주기적으로 일에서 벗어나 안식하는 훈련을 해야 한다. 안식해야 우리는 하나님의 말씀을 듣고 노동 소명을 기억할 수 있다. 우리는 안식함으로 일과 사랑의 풍성함을 이웃들과 함께 누리며 일한다.

넷째 장 "인내하라"는 일터에서 부딪히는 윤리적인 문제들에 대처하기 위해서 종말론적 소망으로 일해야 한다는 점을 지적한다. 종말이 오기 전까지는 아무리 훌륭한 그리스도인이라도 믿음과 그 의지의 한계를 경험하기 마련이다. 하나님 안에서 성장하는 만큼 우리의 신앙도 합당한 모습으로 만들어져 가지만 그 최종적인 온전한 완성은 주님이 재림하는 종말에야 얻게 될 것이다. 그리스도인은 "이미" 도래했지만 "아직" 완성을 기다리는 하나님 나라 시민이다. 우리는 일터에서 완전한 신앙을 향해 가는 불완전한 신앙인이라는 사실을 인정해야 한다.

그런데 믿음의 이상과 현실의 모순 사이에서 타협이 불가피할 경우가 있다. 이럴 때에는 보다 장기적인 관점에서 자신이 생존하는 동시에 이웃과 공존하며 그들을 사랑하는 길이 무엇인지를 찾아야 한다. 때론 직접적인 이웃 사랑을 포기해야 할 때도 있다. 이러한 때에는 우리의 부족함에 대하여 하나님께 용서를 구하며, 겸손하게 주께서 당신의 나라와 더불어 오실 날을 기다려야 한다. 우리는 이렇게 부족하고 연약하지만 분투하며 하나님의 부름받은 삶을 살아내려 노력한 모습을 야곱에게서 본다. 야곱의 인생에서 우리는 하나님이 연약한 우리를 일터 현장에서 어떻게 사용하시는지 알게 된다.

나는 그리스도인이 일터에서 소명으로 일하기가 얼마나 어려운지 잘 알고 있다. 나도 15년 동안 직장 생활을 하는 동안 이기심과 욕망으로 밤늦도록 일하면서 사람들에게 상처를 입히고 상처를 받았다. 내 직장 생활은 고통스러웠다. 모태신앙인으로 주일마다 교회에서 예배 드리며 살아온 나에게 일터는 교회와 전혀 다른 곳이었다. 이것이 나를 더 힘들게 했다.

교회에서는 단 한 번도 왜 내가 일해야 하는지, 어떻게 일해야 하는지, 내가 일터에서 어떤 사람인지 등에 대해 가르침이나 목회적 돌봄을 받은 적이 없다. 교회에서는 교회 봉사가 가장 인정받는 신앙 활동이었다. 내가 일터에서 어떻게 사는지 아무도 관심을 두지 않았다.

유력 일간신문 기자로 명성을 얻었지만, 나는 항상 불안하고 피곤하고 지쳐있었다. 젊은 나이에도 불구하고 병원을 자주 드나들었다. 스트레스로 몸이 망가져 갔다.

어느 날 나는 취재차 들른 한 종교단체 사회복지 기관에서 봉사자 한 분을 만났다. 그곳을 일터 삼아 일하는 모든 사람은 봉사자 신분이었다. 70대 초였던 그분의 얼굴은 잔물결조차 없는 호수처럼 맑고 평온했다. 몇 마디 말을 주고받는 가운데 나는 지금 내가 잘못 살고 있다는 사실을 깨달았다. 봉사자들의 노동은 내 노동보다 결코 더 쉬워 보이지 않았다. 그런데 그들은 몸을 제대로 가누지 못하는 노인들을 지극 정성으로 돌보는 노동을 하는 내내 불평하거나 짜증내지 않았다. 그들의 얼굴에는 오히려 평화가 가득했다. 그들의 입에서는 '예수님', '사랑', '감사' 이런 단어들이 많이 나왔다. 일과 신앙이 하나 되는 삶의 가능성과 아름다움이 거기에 있었다.

주님이 오시기 전까지 이 세상에서 일터는 여전히 수고하고 땀을 흘리며 일해야 하는 곳이다. 그러나 그리스도의 뒤를 따라가려는 사람들에게 "일은 사랑"이다. 그리스도인은 일터에서 사랑의 수고를 다하며 믿음으로 살아가는 사람이다(갈 5:6). 결코 간단하고 쉽지는 않겠지만 그리스도인은 일터에서 하나님이 보내주시는 성령으로 일하면서 언젠가는 반드시 멋진 열매가 열리는 것을 보게 될 것이다. 사랑의 수고는 복지기관에서만 하는 것이 아니다. 모든 일터에서 우리는 사랑의 수고로 일하도록 부르심과 보내심을 받았다. 하나님은 사랑으로 일하려는 모든 이들에게 능력을 주신다. 일이 사랑이 되게 하신다. "내게 능력 주시는 자 안에서 내가 모든 것을 할 수 있느니라."(빌 4:13)

교회는 일터 그리스도인들에게 부단히 하나님의 소명을 가르치고 소망을 심어주어야 한다. 목회자들은 일터에 나가 수고하는 성도들에게 "사랑의 수고를 하느라 얼마나 고생이 많은가" 묻고 격려해야 한다. 악한 정사와 권세가 똬리를 틀고 그리스도인의 선한 삶을 방해하는 일터에서 그리스도의 제자로 영적 싸움을 싸우며 일하도록 독려하는 동시에, 그들을 보호하고 위로해야 한다. 목회자의 한 마디가 평신도들에게는 큰 힘이 되고 삶의 방향이 될 수 있다.

나는 이 책에서 일터 신앙의 가장 핵심적인 몇 가지 주제들을 가능한 단순명료하게 진술하려 했다. 현실은 항상 복잡하고 모호하다. 이럴 때일수록 우리는 오캄의 면도날처럼 현실을 복음처럼 단순명료하게 이해하려고 노력할 필요가 있다. 해결의 실마리를 찾기 위해서. 이 책은 일터 그리스도인들이 일과 신앙이 하나 되는 삶의 실마리를 찾는 시도이다. 그리스도인들이 있는 일터가 사람 살기에 더 좋은 곳이 되면 좋겠다.

이 책에서는 '일(work)'과 '노동(labor)'이라는 단어가 혼용되고 있다. 정치철학자 한나 아렌트는 일이란 단어를 인간이 손으로 하는 작업으로, 노동이란 단어를 시장에서 몸으로 하는 행위로 구분해 사용해야 한다고 주장한다.[4] 하지만 나는 이 책에서 말하는 '일'과 '노동'

을 직장, 회사 등에서 임금을 받고 하는 협의의 의미로 사용하기에 아렌트의 구분은 이 책에서는 큰 의미가 없다. 다만 문맥에 따라 편리하게 사용됐을 따름이다.

이 책에서 익명으로 거론된 사람들의 이야기는 실제 사례들이다. 나는 일터 목회자로 그들을 만나 상담했으며, 그들이 이 책으로 인해 일체 불이익을 당하지 않도록 이름과 배경을 밝히지 않았다. 실명으로 거론한 사례들은 책과 언론 인터뷰 등으로 공개적으로 알려진 사람들의 이야기들이다.

일터신앙

Listen
Love
Pray
Endure

**제1장
들으라**

하나님의 부르심 듣기

소명으로 하는 일은 재미있고 의미가 있다

사도 바울은 "주안에서 항상 기뻐하라 내가 다시 말하노니 기뻐하라"고 권면한다(빌 4:4). 기뻐하라는 명령은 기뻐할 일이 없는 상황에서라도 일부러 기뻐하라는 '영적 수고로움'이 아니다. 기쁨은 삼위일체 하나님과의 연합 안에서 솟아나오는 존재론적 표현이다. 기쁨은 그리스도 안에서 새로운 피조물이 된 존재에게 성령께서 부어주시는 하나님의 평안과 은혜가 자연스럽게 드러나는 감정이다. 우리가 존재하는 순간들이 기쁨으로 충만해지는 것이 우리를 예수 그리스도 안에서 부르신 하나님의 뜻이다.

요즘 같은 세상에 일하면서 기쁨을 찾는 것이 가능할까? 많은 사람들이 일터에서 기쁨을 느끼지 못한다고 말한다. 하지만 하루 여덟 시간 일하면서 보내는 우리의 일터에도 기뻐하라는 명령은 당연히 적용되어야 한다. 적어도 그리스도인이라면 자기 일에서 기쁨을 찾아야 한다. 이것은 하나님의 명령이자 약속이다.

기쁨으로 일하려면 먼저 일이 재미있어야 한다. 일하는 내가 그 일에서 소외되지 않고 일과 일치되어야 한다. 그러나 현실은 꼭 그렇지만은 않다. 일하는 나와 일하지 않는 내가 전혀 다른 존재로 느껴진다. 일터에서는 갇힌 인생같지만 일터 밖에서는 자유로운 영혼으로 분리되기도 한다. 일터는 지루하고 재미없고 일터 밖은 자유롭고 재미있다. 일과 삶은 다른 영역처럼 보인다.

어떻게 해야 재미있게 일할 수 있을까? 자기가 하는 일에서 만족할만한 가치를 발견하고 그것을 소중하게 생각한다면 일이 재미있어진다. 대체적으로 일의 가치는 반드시 임금에 비례하지는 않는다. 임금이 적어도 스스로 높은 가치를 부여한다면 그 일은 즐겁다. 임금이 높다고 일이 항상 즐거운 것도 아니다. 삼성경제연구소(SERI)가 2012년 실시한 직장인 행복도에 대한 조사에서 직장인들이 직장에서 행복을 높이는 조건으로 꼽은 열여섯 가지 가운데 임금(돈)은 열네 번째에 불과했다. 임금보다 가치와 인간관계, 정서적인 부분 등이 높은 순위를 차지했다.

첫 직장 입사를 준비하는 청년들은 높은 임금을 가장 중요한 선택 기준 가운데 하나로 생각한다. 그러나 막상 어렵게 들어간 직장에서 그들을 실망시키는 요인은 임금 수준보다는 직장 문화와 가치, 미래의 비전 등이다. 한국경영자총연합회의 2015년 조사에 따르면, 대기업 대졸 신입사원이 1년 이내 퇴사하는 이유는 조직 및 직무 적응 실패(43.8%), 공무원 준비 및 진학 등(40.6%), 급여 및 근무환경 불만 등(15.6%) 등이었다. 무려 84.4 퍼센트를 차지하는 앞의 두 가지 퇴사 이유는 "내가 이 회사에서 계속 일해야 할 이유를 찾지 못하겠다"는 뜻이다.

일터에서 일을 오래 하려면, 일이 재미있어야 한다. 일을 재미있게 하려면 일하는 의미 혹은 가치를 알아야 한다. 일에서 긍정적 의미를 발견한다면, 임금과 환경 때문에 일터를 떠나는 경우는 상당히 줄어든다. 현대인들은 자기 일에서 단순히 생존의 필요를 넘어 일하는 의미를 적극적으로 찾는다.

엄밀히 말해 생존이 지속 가능하기 위해서는 스스로 삶의 의미를 발견해야 한다. 생존의 기본 욕구가 충족되면 사람들은 더 이상 생존 욕구에 얽매이지 않고 자기를 성찰하며 자신이 살아야 하는 이유, 일해야 하는 이유를 찾는다. 하나의 절대 진리를 거부하는 현대 다원주의 사회에서도 사람들은 끊임없이 자신의 존재 의미 혹은 노동 의미를 찾아 나선다.

일의 진정한 의미는 '너도 옳고 나도 옳고 우리 모두 다 옳다'는 식의 편리한 주관적 판단만으로는 얻을 수 없다. 이런 식의 의미는 공허하고 자기만족적일 뿐이다. 객관적이면서도 주관적이고 또 초주관적(超主觀的)이어야 한다. 독일 나치 시대 죽음의 수용소 아우슈비츠에서 살아남은 유대인 정신분석학자 빅터 프랭클은 매일 가스실을 바라보면서도 그 자리에서 살아나가야 할 이유가 분명했기 때문에 죽음의 환경을 이겨냈다고 고백했다. 그가 발견했던 이유는 다름 아닌 수용소의 참상을 반드시 세상에 증언해야 한다는 확신이었다. 증언하려면 그는 살아남아야 했다. 그의 확신은 한 개인의 주관적 소망이었지만, 동시에 사람들이 감춰진 진실을 알아야 한다는 초주관적 차원이기도 했다.

초주관적인 의미는 프랭클이 말한 것처럼 우리가 자기만족을 위해 스스로 만들어내는 것이 아니라 발견되어야 하는 어떤 것이다. 이러한 생각은 20세기 초중반 서구 유럽을 휩쓸었던 실존주의자들의 주장과 정면 배치된다. 그들은 인간 외부에서가 아니라 자기 스스로 삶의 의미를 '만들어야' 한다고 주장했다. 그들은 신(神)이 부여하는 삶의 의미를 거부하고 자기가 살고 싶은 삶을 살라고 한 니체의 후손들이다. 그러나 다음과 같이 말한 프랭클의 주장이 훨씬 더 합리적이고 현실적이다. "인간은 자기 자신과는 다른 어떤 것, 자기 자신의 단순한 표현을 넘어선, 자기 자신의 단순한 투사를 넘어선 의미를 향해 자신을 초월하고 있다."[1]

인간은 하나님을 예배하는 영적 존재다. 인간은 하나님이 주시는 삶의 가치 혹은 의미를 발견하고 추구할 때 삶에서 소외되지 않고 기쁘고 즐겁게 일한다. 반드시 종교적 표현이 아니라도 세속 사회에서 일의 의미를 진지하게 추구하는 지혜로운 사람들이 있다. 2016~2017년 방영된 SBS 드라마 「낭만닥터 김사부」에서 한석규가 열연한 응급실 의사 김사부는 최고 외과의사가 되겠다는 야망을 품고 설쳐대는 강동주(유연석 역)에게 따끔하게 말했다. "일하는 방법만 알고 일하는 의미를 모르면 의사로서 무슨 가치

> **일터소명**
> 인간은 하나님이 주시는 삶의 가치 혹은 의미를 발견하고 추구할 때 삶에서 소외되지 않고 기쁘고 즐겁게 일한다.

가 있겠냐?" 김사부처럼 자기가 왜 이 일을 하는지 알고 있으면 아무리 힘든 일이라도 얼마든지 견디며 재미있게 해낸다.

김사부는 맡겨진 환자는 무조건 살려야 한다는 외과의사로서의 사

명을 알고 있었기 때문에 시도 때도 없이 몰려드는 모든 환자들에게 최선을 다 했다. 비록 말투는 거칠어도 그에게서는 환자에 대한 애정이 느껴진다. 그러나 환자 치료를 통해 자기 몸값을 높이려는 강동주는 수술 기술은 탁월해도 환자에 대한 애정이 없고 주변 사람들과 갈등만 만들어낸다. 일의 결과를 자신에게 미칠 영향으로 계산하기 때문이다. 일하는 태도와 결과가 다르다. 외과의사로서 소명에 충실한 노련한 김사부는 그 짧은 대화에서 패기 넘치는 젊은 의사 강동주에게 진정한 의사가 되려면 '회심'을 하라고 요구한 셈이다.

그리스도인들이 일터에서 강동주처럼 살아가고 있다면 회심해야 한다. 폴 스티븐스는 그리스도인들이 일터에서 하나님이 기뻐하시는 내재적 가치를 추구하며 일하기 위해서는 '직업적 회심'이 필요하다고 지적한다. '회심한' 그리스도인들은 자기 자신에게도 선하고(좋고), 세상에도 선하고, 하나님에게도 선한 일을 한다.[2]

그리스도인은 성서의 하나님에 대한 신앙에서 일의 의미를 발견해야 한다. 기독교 신앙은 세상에서 하는 '모든' 일에서 신앙의 가치를 실현하도록 요구한다. 그렇지 않다면 회심해야 한다. 회심은 영혼뿐만 아니라 일상적인 일터 현장에서도 일어나야 한다. 일터에서 회심하는 사람은 그리 많지 않다. 그리스도인들은 매일 사무실이나 공장이나 학교나 매장에서 하는 일을 왜 해야 하는지 질문해야 한다. 무엇보다 자신의 신앙에 비추어 지금 자신이 신앙에 합당하게 일하고 있는지 항상 생각해야 한다.

나는 15년 동안 직장생활 하면서 이 질문에 충실하지 않았다. 덕분에 나는 일과 신앙의 분리라는 괴로움 속에서 살았다. 주중에 일하는 나와 주일에 예배드리는 나는 다른 사람이었다. 주일에 교회에서 형제들과 사랑을 나눈 달콤한 세상과 전혀 다른 월요일의 세상 속으로 들어갈 때마다 도살장에 끌려가는 양 같은 심정이었다. 일은 고통스럽기만 했다. 교회에서는 가급적 세상(일) 이야기는 하지 말라고 가르쳤다. 세상(일터)에서는 교회이야기는 꺼내지도 못하게 했다.

기독교 신앙은 결코 개인의 영역에만 국한되지 않는다. 신앙은 하나님께서 세상 속에서 자기 백성들을 불러 모아 세상 한 복판에 하나님 나라를 세우려는 구원의 목적을 위해 주셨다. 기독교 신앙은 모든 사람들에게 사적(private)이면서 동시에 공적(public)이다. 하나님은 자기 백성들에게 믿음을 주셔서 그들을 공적 세상인 일터로 보내 하나님이 원하시고 기뻐하시는 일을 하도록 하셨다.

그리스도인들은 자기가 원하는 목적을 위해 일하는 것이 아니라 하나님이 명령하신 일을 해야 한다. 그리스도인들은 처음부터 일에서 추구해야 할

> **공적세상의 일터로 보내기**
> 기독교 신앙은 모든 사람들에게 사적(private)이면서 동시에 공적(public)이다. 하나님은 자기 백성들에게 믿음을 주셔서 그들을 공적 세상인 일터로 보내 하나님이 원하시고 기뻐하시는 일을 하도록 하셨다.

의미 혹은 가치를 가지고 있다. 신학자들은 하나님과 그리스도인과 일의 관계를 '소명'이라는 개념으로 설명한다. 그리스도인들은 소명에 따라 일할 때 일과 자신이 일치하며 재미있게 일한다. 그리스도인

들은 일을 시작하기 전에 먼저 일의 의미를 '발견해야' 한다. 의미 있는 일을 하면, 아무리 힘들고 거칠어도 일하는 사람 안에 기쁨이 있다.

우리가 일을 하나님의 소명으로 인정하면, 매일 평범하게 반복하는 일상의 일은 지루하지 않고 재미있어진다. 일상의 권태로움이 생동감으로 바뀐다. 갈등을 만들기 보다는 갈등을 해결하기 위해 노력한다. 땀 흘리며 일하는 수고로움에서 즐거움을 찾아 인내한다. 두려움이 기쁨으로 덮인다. 창조주이며 구원자이신 하나님이 하시는 일은 늘 이렇다. 하나님과 함께 일하는 우리의 일도 그렇다.

타락한 세상에서 종말이 오기 전까지 우리는 일에서 여전히 지루함과 권태로움, 갈등, 수고로움을 경험하겠지만, 이런 부정적 경험과 반응들이 반전되는 구원의 증거들이 구름 사이에 비추는 빛처럼 분명히 드러난다. 우리가 하는 일이 하나님의 소명이라는 점을 먼저 인정해야 한다. 이것이 그리스도인들이 일터에서 회심하는 첫 단계다. 우리가 하는 일이 하나님의 소명임을 어떻게 알 수 있을까? 이를 위해 창세기의 첫 페이지들을 자세히 읽을 필요가 있다.

'하나님의 형상'으로 창조된 인간은 '일하라'는 소명을 받았다

성서는 우리가 하는 일이 하나님의 소명(calling)으로 주어진 사명(mission)이라는 사실을 창조 기사를 통해 증언한다(창 1~3장). 인간의 일이 있기 전에 하나님의 일이 먼저 있었고, 우리는 하나님이 하시는 일에 동참하도록 창조되었다. 여섯째 날에 하나님이 인간을 창조하셨다는 것은 인간이 세상의 다른 피조물들보다 우월한 지위에서 나머지 피조물을 위계적으로 지배하는 존재라는 뜻이 전혀 아니다. 여섯째 날의 창조 사건은 인간은 다른 피조물들과 다른 어떤 분명한 목적을 가지고 창조된 또 하나의 피조물이라는 사실을 증언한다.

> "하나님이 이르시되 우리의 형상을 따라 우리의 모양대로 우리가 사람을 만들고 그들로 바다의 물고기와 하늘의 새와 가축과 온 땅과 땅에 기는 모든 것을 다스리게 하자 하시고, 하나님이 자기 형상 곧 하나님의 형상대로 사람을 창조하시되 남자와 여자를 창조하시고"
>
> *창세기 1장 26~27절*

구약성서 첫 페이지는 인간이 '하나님의 형상'으로 창조되었다고 말한다. 성서는 우리가 '하나님의 형상'이라는 정체성을 결코 잊어서는 안 된다고 강조한다. '하나님의 형상'이 무엇을 뜻하는지에 대한 논의는 매우 오랫동안 신학자들 사이에 논쟁 대상이었다. 아우구스티누스는 하나님의 형상을 인간의 지성과 이성(intelligence and reason)으로 이해했다. 이 때문에 인간은 다른 동물과 구별되고 동물들을 지배할 수 있는 능력을 가지게 되었다고 이해했다. 토마스 아퀴나스와 같은 중세 스콜라철학자들도 하나님의 형상성을 인간에게 주어진 하나님의 성품이나 특성으로 보았다.

반면, 루터와 칼뱅 등의 종교 개혁가들은 전통적인 해석을 거부하고 창조주 하나님 앞에 선 피조물 인간의 본질 혹은 하나님과 인간의 관계에 대한 개념으로서 '하나님의 형상'을 이해했다. 이들의 해석은 19세기 후반부터 고대 근동의 비문과 문서들이 발굴되기 시작되면서 훨씬 더 설득력을 가지게 되었다. 고고학자들과 성서학자들은 창세기보다 이전에 기록된 것으로 보이는 고대 근동지역의 창조신화들에서 신의 형상은 땅을 통치하는 인간 왕을 지칭한다는 사실을 발견했다.

예를 들어 이집트의 창조신화에서 이집트 왕은 태양신의 아들로서 태양신을 대신해 땅을 다스리는 신의 초상이자 대리자로 불린다. 이집트 왕, 파라오는 태어날 때부터 태양신의 아들이 아니라 왕위에 즉위할 때 신의 형상 혹은 신의 아들로 임명을 받는다. 이처럼 고대 문명 자료에서 발견되는 신의 형상은 왕의 기능 또는 역할과 깊은 관련이 있었다. 고대 바벨론과 수메르 지역의 신화에서도 '형상'은 대체적으로 형상의 주인을 대신한다는 의미를 가지고 있다. 고대 왕들은 대관식에서 신의 형상으로 임명받아 백성들의 안녕과 평화를 책임지는 역할을 부여받은 존재로 등극했다.

현대 신학자들도 이러한 고고학적 연구를 수용해 '하나님의 형상'의 의미를 관계적인 측면에서 해석한다. 위르겐 몰트만은 하나님의 형상으로 창조된 인간을 하나님의 대리자로서 땅의 다른 피조물들을 지배하는 존재로 해석한다. 인간은 하나님의 말씀을 듣고 응답해야 할 의무가 있고, 하나님의 영광을 세상에 드러내는 일을 한다.[3] '하나님의 형상'은 하나님의 뜻에 따라 피조 세계를 위해 일하는 제사장의 역할을 가지고 창조되었다.

한세대학교 차준희 교수는 '하나님의 형상'으로 존재하는 인간은 네 가지 특성을 가지고 있다고 정리한다. 첫째, 인간은 왕과 같은 존엄성을 가지고 있다. 둘째, 남자와 여자 모두 동등한 왕적 존재다. 셋째, 인간은 하나님으로부터 피조물 통치 권리를 위탁받았다. 넷째, 인간은 하나님과 교제할 수 있는 특권을 받은 특별한 존재다.[4] 인간이 '하나님의 형상'으로 창조되었다는 사실은 인간이 창조주 하나님 대신 땅을 통치하는 존재임을 의미한다.

땅을 통치하는 인간의 행위는 '하나님의 형상'으로서 하나님 대신 '노동하는 인간(Homo Laborans)'을 의미한다. 인간은 자기가 하고 싶은 일이 아니라 창조주 하나님이 하고 싶은 일을 한다. 하나님은 창조 세계를 유지하고 발전시키는 일을 자기의 형상인 인간에게 맡기셨다. 우리는 아무런 목적도 없이 우연히 세상에 던져진 허무한 존재가 아니라 하나님 대신 하나님의 일을 하도록 보냄을 받은 거룩한 존재다. 따라서 하나님의 소명에 충실히 따르는 일은 사람의 높고 낮음, 남자와 여자, 종과 주인에 상관없이 하나님으로부터 전권을 받아서 하는 존엄한 일이다.

> **하나님 대신 일하는 인간**
> 하나님은 창조 세계를 유지하고 발전시키는 일을 하나님의 형상인 인간에게 맡기셨다. 우리는 아무런 목적도 없이 우연히 세상에 던져진 허무한 존재가 아니라 하나님 대신 하나님의 일을 하도록 보냄을 받은 거룩한 존재다.

그러나 현대 사회에서 일은 효율성으로 평가된다. 현대인들은 더 많은 돈과 더 높은 위치를 갖는 사람의 노동에 더 높은 가치와 의미를 부여한다. 하루 벌어 하루 먹는 일용 노동자들이 하는 일에는 세 끼 먹는 밥 이상의 가치를 주려 하지 않는다. 이 때문에 취업을 준비하는 사람들은 높은 연봉과 유명한 직장에 들어가기 위해 기꺼이 많은 시간과 노력을 투자한다.

그런데 '하나님의 형상'이라는 우리의 정체성은 일의 의미를 다른 관점으로 이해할 것을 요구한다. 서울대학교 행복연구센터장 최인철 교수는 저서 『프레임』에서 자신이 젊었을 때 평생 악취와 먼지를 뒤집어쓰며 거리의 쓰레기를 청소해온 한 환경미화원을 만나 나눴던 짤막한 대화를 소개했다. 그는 환경미화원에게 다가가 청소 일이 힘드실 텐데 어떻게 항상 행복한 표정을 지을 수 있느냐고 물었다. 이분의 대답이 걸작이었다. "나는 지금 지구의 한 모퉁이를 청소하고 있다네!"

환경미화원이 하는 일은 돈이나 지위와 같은 사회적 통념으로 평가한다면 그리 행복한 일이 아니다. 그런데 자기 스스로 새벽부터 거리를 청소하는 일이 '돈벌이'가 아니라 '지구 청소'라고 의미부여한다면, 그 일은 자부심으로 가득 찬 일이다. 만약 이분이 그리스도인이라면, '하나님께서 나에게 하나님 대신 사람들이 더럽힌 세상을 깨끗하게 치우는 일을 시키셨다'고 생각하지 않았을까? 다른 사람들이 더럽고 힘들다고 생각하는 일을 이 환경미화원은 거룩한 일로 여기고 오늘도 지치지 않고 계속 한다. 세상의 질서와 평화는 이런 사람들이 하는 일에 의해 유지되고 있다.

다스리고, 경작하고, 지키라

창조주 하나님은 '하나님의 형상'으로 창조된 사람들에게 어떤 사명과 일을 주셨는가? 하나님과 관련된 일이라고 하면 사람들은 목사나 선교사, 또는 교회나 선교단체 기관 등에서 하는 '종교적인' 일을 떠올린다. 그러나 하나님이 첫 남자와 여자를 창조하셨을 때에는 종교기관이 없었고 그들 앞에는 오직 하나님이 이제 막 창조하신 하늘과 들판과 나무와 채소와 동물들만이 있었다.

> "하나님이 그들에게 복을 주시며 하나님이 그들에게 이르시되…바다의 물고기와 하늘의 새와 땅에 움직이는 모든 생물을 다스리라 하시니라"
>
> 창세기 1장 28절

하나님은 인간을 창조하기 전에 "우리가 사람을 만들고 그들로 바다의 물고기와 하늘의 새와 가축과 온 땅과 땅에 기는 모든 것을 다스리게 하자"고 말씀하셨다(창 1:26). 여기에 사람들이 자주 간과하는 중요한 메시지가 담겨있다. 하나님은 인간을 위해 세상을 창조하신 것이 아니라, 먼저 창조된 세상을 위해 인간을 만드셨다는 사실이다. 인간에게는 '만물의 영장'으로서 자기 뜻대로 세상을 이용하는 권한이 주어지지 않았다. 인간은 자기보다 먼저 창조된 세상 모든 피조물을 '다스리는' 일을 위해 창조되었다.

'다스리라'는 하나님의 명령은 무슨 뜻일까? 이 단어는 오랫동안 오해를 받아왔다. 이 단어는 흔히 지위나 계급에서 우위에 있는 자가 열등한 자들에게 자신의 권위를 사용할 수 있는 정치적 의미로 사용되어 왔다. 산업혁명 시기 아프리카와 남미 대륙에서 원주민들을 생포해 공장과 농장과 가정의 노예로 부리면서 이들을 인간 취급하지 않고 동물처럼 취급할 때도 서구유럽과 아메리카 백인들은 '하나님이 백인들에게 하급 인간들을 다스리라고 하셨다'고 강변했다. 유럽 백인들이 남미와 호주 등에서 원주민들을 동물 취급하며 사냥감 취급한 것도 '다스리라'는 단어에 대한 잘못된 해석 때문이다.

이러한 해석은 1967년 미국의 린 화이트가 과학 저널 사이언스지에 논문을 기고한 이후 도전을 받았다. 화이트는 「생태계 위기의 역사적 뿌리 (The Historical Roots of Our Ecological Crisis)」라는 제목의 논문에서 지구 환경오염과 생태계 위기는 유대교와 기독교 때문이라고 비판했다. 그는 유대인과 기독교인들이 창세기 1장 26~28절에서 '다스리라'는 하나님의 명령을 근거로 자연을 마구 파괴했다고 지적했다.[5] 그의 주장이 과학적으로 어느 정도 타당한지에 대해서는 실증적으로 검증되지 않았지만, 이 논문 이후 신학자들은 창조 이야기에서 하나님이 말씀하신 '다스리라'는 단어의 뜻이 무엇인지 분석하기 시작했다.

'다스리다'라는 의미의 히브리어 동사 *라다*(רדה)는 왕이 백성을 다스린다는 의미로 자주 사용된다. 시편 8장 6절의 "주의 손으로 만드신 것을 다스리게 하시고 만물을 그의 발아래 두셨으니"라는 구절이 전형적인 예다. 이 단어는 '주관하다'(시 68:28), '관리하다'(왕상 5:30), 적을 '다스리다'(느 9:28), '엄하게 부리다'(레 25:43, 46, 53), '감독하다'(대하 8:10), '용사를 치다'(삿 5:13) 등의 의미를 가지고 있다. *라다*는 확실히 높은 위치에 있는 자가 낮은 위치에 있는 자를 통치하는 뉘앙스를 풍긴다. 하지만 통치자가 피통치자들을 폭력적으로 지배하고 고통을 주는 제국주의적 의미만 가지고 있는 것이 아니다. 이 단어는 본래 바벨론 궁중에서 사용된 언어로 왕이 제국을 점령했을 때 제국의 백성들을 선하게 통치한다는 의미를 가지고 있었다.

*라다*가 사용된 다양한 사례들을 분석한 구약학자들은 창세기 1장의 맥락에서 이 단어가 다른 피조물들에 대한 무제한적인 지배와 이용을 의미하는 것이 아니라 '하나님처럼 세상을 통치하라'는 뜻에 더 가깝다는 사실을 밝혀냈다. 구약학자 고든 웬함은 "고대 근동지역 왕

들에게는 가난하고 낮은 계층의 백성들을 돌보고 나라의 평화와 번영을 촉진하도록 기대되었던 것처럼, '하나님의 형상'으로서 인간은 동물들에게 창조주 하나님처럼 자애로운 왕과 같은 자세로 대하도록 기대되었다."고 해석한다.[6]

여기에서 한 걸음 더 나아가 조직신학자 미카엘 벨커는 하나님이 인간을 돌보시는 것처럼 인간 또한 자신보다 연약한 존재를 돌보는(care), 말하자면 정치적이고 윤리적인 의미에서 그들을 다스리라는 의미로 이 단어가 쓰였다고 분석했다.[7] 이런 해석들은 '다스리라'는 명령이 아직 죄가 세상에 들어오기 전, 창조의 여섯째 날에 주어졌다는 사실을 감안하면 일리가 있다.

*라다*는 그 대상이 동물에 한정되는 것이 아니라 인간을 포함한 모든 피조물에 적용될 수 있다. 우리 일은 처음부터 하나님이 창조한 세상의 피조물들을 돌보라는 하나님의 명령에 기원한다. *라다*는 하나님이 우리에게 소명으로 주신 일이 어떠해야 하는지를 규정한다. 하나님이 정의와 공의와 자비로 세상을 다스리듯, '하나님의 형상'인 인간도 세상을 그렇게 다스려야 한다.

우리가 다양한 일터에서 하는 대부분의 일들이 이런 의미를 가지고 있다. 음식을 만들어 파는 일에 종사하는 사람들은 손님들의 육체를 다스린다(돌본다). 교사들은 학생들의 삶을 다스린다(돌본다). 공무원들은 국민들의 일상을 다스린다(돌본다). 농부들은 도시민들의 생명을 다스린다(돌본다). 우리는 자신의 일을 통해 서로 서로 삶의 일부분을 다스리는(돌보는) 일을 한다. 자신의 목적을 위해 타인에게 피해를 주는 일은 하나님의 소명에 부응하지 못하는 일이다. 우리는 하나님의 부르심에 따라 세상을 섬기는 사명으로 일하는 '하나님의 형상'이다.

창세기 2장은 하나님이 첫 사람 아담에게 직접 일하도록 명령하시는 장면을 소개한다.

"여호와 하나님이 그 사람을 이끌어 에덴동산에 두어 그것을 경작하며 지키게 하시고"

창세기 2장 15절

이 문장을 원문에 더 충실하게 번역하면 이렇다. "여호와 하나님이 경작하고 지키게 하려고 그 사람을 에덴동산에 데려가 두었다." '경작하다'는 히브리어 동사 *아바드*(עָבַד)는 농사짓는 행위(work)로도 활용되고 있지만 제사장들이 성전에서 섬기는(serve) 제의활동에도 자주 사용된다. '지키다'는 히브리어 동사 *샤마르*(שָׁמַר)는 성전에서 봉사하는 레위인들과 관련된 문맥 속에서 제의 활동의 의무를 준수하고 거룩한 성전을 더러운 것으로부터 수호하는 활동을 묘사할 때 주로 사용된다. 농부가 논밭을 훼손하려는 사람과 동물로부터 지켜내는 활동에도 사용된다.

아담에게 주어진 구체적인 노동 명령에서 우리는 '경작하고 지키라'는 두 가지 행위가 함께 주어졌다는 사실에 주목해야 한다. 구약에서 두 단어가 함께 사용되는 경우(민 3:7-8; 8:25-26; 18:5-6; 대상 23:32; 겔 44:14), 동사의 주어는 항상 여호와 하나님을 섬기고 그분의 말씀을 가르치는 일을 하는 제사장이었다. 이스라엘 제사장들에게는 백성들을 하나님의 말씀으로 먹이고 성전을 거룩하게 지키는 사명이 주어졌다. 아담은 에덴동산의 제사장이었던 셈이다. 에덴동산은 종교적 제의 행위가 일어나는 특정한 장소로서의 성전을 의미하는 것이 아니라 하나님이 계신 곳이라는 넓은 의미에서의 성전이라 할 수 있다.

아담의 노동은 에덴에 살고 있는 자신뿐 아니라 동물들이 생육하고 번성할 수 있도록 땅을 경작해 풍성한 식량을 생산한다는 의미에서 제사장적 함의를 가지고 있다. 하나님은 사람을 창조하기 전에 땅에게 풀과 씨 맺는 채소와 열매 맺는 나무를 내라고 명령하셨고(창 1:11-12), '하나님의 형상'으로 창조된 피조물들에게 그것을 식량으로 주셨다(창 1:29). 아담은 땅을 경작해 풍성한 식량을 생산해서 인간과 동물들이 먹고 살도록 해야 한다. 창세기가 기록된 시대는 농경시대였다는 점을 감안하면 경작하라는 하나님의 명령은 현대적 의미로 먹고 살기 위해 필요한 일을 하라는 명령이다.

> **제사장으로서 인간**
> 아담의 노동은 에덴에 살고 있는 자신뿐 아니라 동물들이 생육하고 번성할 수 있도록 땅을 경작해 풍성한 식량을 생산한다는 의미에서 제사장적 함의를 가지고 있다.

현대 사회에서 우리는 일터에서 일하고 받은 돈으로 먹고 살아가는데 필요한 것들을 구입한다. 농축수산업, 제조업, 유통업 등 서비스와 제품을 생산해서 먹거리 혹은 이와 관련된 많은 것들을 원활하게 생산하고 보존하고 유통하는 일은 인간의 생명 보존에 결정적으로 중요하다. 이러한 일들이 '경작하라'는 하나님의 명령에 부응하는 일이다.

하나님이 에덴동산을 지키라고 하신 명령은 에덴동산 중앙에 있는 '선악을 알게 하는 나무'를 통해 악이 하나님의 창조 세계에 침투하지 못하도록 지키라는 뜻이다. 이스라엘 제사장들이 성전을 더러운 세상으로부터 거룩하게 지켜야 하는 것처럼, 첫 사람 아담은 하나님이 창조하신 에덴동산을 악의 세력으로부터 지켜내는 일을 해야 했다.

우리는 일터에서 불의와 혼란을 제거하고 정의와 질서를 세워 안전한 세상을 만들어간다. 경찰, 법조인, 언론인, 정치인, 공무원처럼 시대에 따라 적합한 법질서를 만들고 집행하고 유지함으로써 범죄를 예방하거나 처벌하고 약자들에게 복지를 제공하고 공정한 기회를 제공하는 사람들이 하는 모든 일 또한 '지키는' 일이다.

'다스리라'는 명령과 '경작하고 지키라'는 명령에 담겨 있는 하나님의 뜻은, 우리가 **함께** 일해서 **함께** 먹고 살며 **함께** 정의와 질서와 평화를 세우라는 것이다. 우리가 하나님의 소명에 따라 일한다면, 각자 자신의 일터에서 하는 모든 일은 하나님의 명령에 대한 순종이다. 창조주 하나님은 자신의 형상으로 창조하신 사람들에게 다스리고,

경작하고, 지키는 일을 명령하심으로써 세상을 그들에게 맡기셨다. 그리스도인은 비그리스도인과 달리 자신이 일터에서 하는 일이 창조주 하나님의 소명이라는 사실을 믿고 순종하며 의식적으로 노력한다.

생육하고 번성하라

"생육하고 번성하여 땅에 충만하라"
창세기 1장 28절

하나님이 우리에게 소명으로 주신 일은 궁극적으로 '생명의 번성'이라는 하나님의 창조 목적을 추구한다. 하나님은 인간을 창조하기 전에 바다와 하늘에 사는 생명체들을 창조하시고 "생육하고 번성하여…충만하라"고 명령하셨다(창 1:22). 인간의 일은 하나님이 창조하신 '보기 좋은' 세상을 생명으로 가득 찬 곳으로 만들려는 하나님의 뜻이 이뤄지도록 협력하는 것이다.

따라서 우리의 일은 '생명을 위한 봉사'라는 본질적 의미를 가진다. 내가 일해서 나 자신뿐 아니라 타자의 생명을 번성케 할 때, 나의 일은 가장 만족스럽고 거룩해진다. 나의 일은 나 자신뿐 아니라 타자에게 유익이 될 때 보람과 기쁨이 된다. 타자의 희생으로 얻은 나의 성공 쾌감은 순식간에 사라진다. 반대로, 내 삶이 피폐해지도록 일만 해서 다른 사람에게 유익을 주는 기쁨도 오래 지속되지 않는다.

우리가 하는 모든 일은 세상의 많은 사람들과 연결돼 있다. 내가 하는 일은 누군가의 삶에 영향을 미친다. 내가 하는 일이 다른 사람의 생명을 보존하고 유익하게 하는 데 도움이 되는 일이라면, 내가 그 결과를 직접 알지 못한다 할지라도 하나님의 소명에 충실한 일이 된다. 좋은 재료로 음식을 만들어 파는 사람은 그 음식을 먹는 사람의 생명에 봉사한다. 그러나 2011년 발생한 '옥시 사건'처럼 인체에 유해한 물건을 만들어 많은 사람들의 생명에 해를 끼친다면, 그 사건과 관련된 사람들은 하나님의 소명을 무시하거나 거부한 것이다.

우리는 일하면서 지속적으로 질문해야 한다. "내가 지금 하고 있는 일은 누구에게 어떤 영향을 주는가?" "내 일은 내가 모르는 존재들의 생명에 어떤 영향을 주는가?" 이 질문들은 노동 윤리에 그치는 것이 아니라 인간 본질에 대한 질문이다. 내가 하는 일은 내가 누구인가를 규정하기 때문이다.

다스리고, 경작하고, 지키는 우리의 일은 다른 사람들의 생명에 직간접적인 영향을 미친다. 그리스도인들은 일터에서 만들어내는 제품과 서비스 뿐 아니라 일하는 과정에서 연결되는 사람들에게 그들의 생명이 번성하도록 영향을 주는지 아니면 그들의 생명에 위해를 가하는지 주도면밀하게

> **창조의 청지기 사명**
> 다스리고, 경작하고, 지키는 우리의 일은 다른 사람들의 생명에 직간접적인 영향을 미친다.

파악해야 한다. 하나님께 인정받는 일은 다른 생명이 번성하도록 협조하는 일이다. 자기 회사의 이윤을 위해 지나친 경쟁으로 소비자들의 삶에 부정적 영향을 끼치는 일이라면 하나님의 심판을 받는다는 사실을 기억해야 한다.

포항에 본사를 둔 '히즈빈스' 카페 사업을 하는 (주)향기내는사람들 대표 임정택 형제 이야기는 한국 그리스도인들에게 널리 알려져 있다. 한동대 경영학과 재학시절 그는 2008년 홍콩에서 열린 청년사업가 세미나에 참석한 것이 지금까지 카페 사업을 하게 된 계기가 됐다. 그는 그곳에서 한 중국 청년의 발표에 자극을 받고 자신만을 위해 살지 않고 불우한 이웃을 위해 사업을 하며 살겠다고 다짐했다.

형제는 포항으로 돌아와 사업 구상을 하다 장애우를 고용한 카페를 운영하기로 결심했다. 이 사업의 목적은 장애 때문에 집안에서 나오지 못하고 우울하게 살아가는 사람들을 사회 속으로 끌어내 마땅히 누릴만한 삶을 살아가도록 돕는 것이었다. 그는 우여곡절 끝에 2009년 한동대 구내에 히즈빈스 카페 1호점을 열었다. 그는 지체 장애우들에게 매장 바리스타의 일을 맡겼다.

그가 하는 일은 재정적으로 타산성이 별로 없는 사업이다. 그러나 장애우들에게 노동의 기회를 주고 스스로 돈을 벌어 가정을 꾸리고 세상에서 정당한 삶을 누릴 수 있도록 배려하는 형제의 소명 의식 때문에 이 사업은 온갖 어려움을 극복할 수 있었다.

하나님이 소명으로 주신 사업이라고 해서 항상 '꽃길'을 걷는 것이 아니다. 어쩌면 다른 사람들보다 훨씬 더 어려운 길을 걸어갈 때가 적지 않다. 하지만 그리스도인들은 소명 때문에 남들보다 더 잘 견딘다. 하나님이 기뻐하시는 일이라는 확신을 가지고 있기 때문이다.

많은 사람들이 오직 돈 벌겠다는 이유 하나만으로 카페를 열었다 문을 닫는다. 어떤 유명한 카페 체인 사업 창업자는 무리한 경영과 지나친 경쟁으로 매장 수를 확장했다가 사업에 어려움이 닥치자 자살하기도 했다. 소명이 아니라 자기 욕망에 따라 일하면 위기가 찾아올 때 허무한 끝을 보게 된다.

그리스도인의 일은 자기의 생명과 더불어 타자의 생명을 번성케 한다. 이때 그리스도인은 하나님의 형상으로서 다스리고 경작하고 지키라는 소명에 충실하게 살아간다.

타락한 세상에서 소명으로 일하려면, "들으라!"

"아담에게 이르시되 네가 네 아내의 말을 듣고 내가 네게 먹지 말라 한 나무의 열매를 먹었은즉 땅은 너로 말미암아 저주를 받고 너는 네 평생에 수고하여야 그 소산을 먹으리라 땅이 네게 가시덤불과 엉겅퀴를 낼 것이라 네가 먹을 것은 밭의 채소인즉 네가 흙으로 돌아갈 때까지 얼굴에 땀을 흘려야 먹을 것을 먹으리니 네가 그것에서 취함을 입었음이라 너는 흙이니 흙

　　　　으로 돌아갈 것이니라 하시니라"

　　　　　　　　　　　　창세기 3장 17~19절

　타자의 생명에 봉사하는 일은 언제나 우리에게 기쁨을 준다. 이런 노동은 인간의 타락 이후에도 중지되지 않았다. 아담의 타락 사건은 인간의 노동에 큰 변화를 가져왔다. 하나님은 아담에게 타락의 결과로 평생 수고하고 얼굴에 땀을 흘려야 먹을 것이라고 말씀하셨다(창 3:17~19). 창조 세계의 생명을 위해 봉사하던 노동이 먹고 살기 위해 애써야 하는 노동으로 전락했다.

　하나님은 아담의 노동을 직접 저주하지 않았다. 오히려 하나님은 아담의 타락으로 땅을 저주하셨다(창 3:17). 땅은 원래 인간에게 풍성한 먹거리를 제공하는 소명을 받았지만, 이제는 가시덤불과 엉겅퀴를 내어 인간의 노동을 방해한다(창 3:18). 가시덤불과 엉겅퀴는 하나님의 심판과 허무한 인간의 노동을 상징한다(호 10:8; 사 32:13; 렘 12:13). 땅에 대한 하나님의 저주는 인간과 동물에게 먹을거리를 넉넉하게 공급하던 땅이 타락한 인간과 대립하고 있는 현실에 대한 상징적 표현이다.

　놀랍게도 하나님은 인간의 타락에 대한 심판으로 노동 명령을 취소하지 않으셨다. 하나님은 아담을 에덴 동쪽으로 추방하면서 거기에서 여전히 땅을 갈게(아바드) 하셨다(창 3:23). 비록 타락으로 인해 수고하고 땀을 흘려야 먹고 사는 험한 세상이 되었지만, 하나님은 노동을 통해서 "생육하고 번성하라"는 창조의 목적이 지속되게 하셨다. 우리 일은 하나님이 시작한 창조의 완성을 향한 과정에서 여전히 중요한 일부분을 차지한다.

하나님은 바벨론 포로로 끌려가 성전과 고토(故土)를 잃은 절망과 설움 속에 있는 유대인들에게도 노동 소명을 주셨다. "너희는 집을 짓고 거기에 살며 텃밭을 만들고 그 열매를 먹어라. 아내를 맞이하여 자녀를 낳으며 너희 아들이 아내를 맞이하며 너희 딸이 남편을 맞아 그들로 자녀를 낳게 하여 너희가 거기에서 번성하고 줄어들지 아니하게 하라"(렘 29:5). 애굽에서 종살이하던 이스라엘을 그들의 노동을 통해 생육하고 번성하게 하셨던(출 1:7) 하나님이 바벨론에서도 그들이 생육하고 번성하도록 일하라고 하셨다.

하나님은 타락한 세계에서도 사람들이 생육하고 번성할 수 있도록 우리의 노동을 도구로 사용하신다. 이것이 하나님이 타락에 대한 심판으로 아담의 노동을 저주하지 않은 이유다. 타락한 세상에서 노동은 원래 자신과 타자를 위한 것에서 자신의 생존을 위한 것으로 그 의미가 축소되었지만, 사람은 '생육하고 번성하라'는 하나님의 명령을 성취하기 위해 여전히 노동해야 한다. 구약학자 천사무엘이 통찰력 있게 분석한 것처럼, 인간의 타락 이후에도 하나님이 인간에게 여전히 노동을 명령하시는 이유는 창조 세계를 보존하려는 하나님의 의지다.[8]

내 결혼식을 주례했던 목사님은 인사차 찾아갔던 나에게 다짜고

짜 '기자질' 그만 하고 신학교 가서 목사가 되라고 권유했다. 당시 나는 신문사 기자로 막 3년차에 들어선 터였다. 하나님의 일을 해야지 언제까지 타락한 세상 사람들이 살아가는 시시콜콜한 이야기에 목을 매고 살 것이냐는 취지로 점잖게 타이르던 그분 말씀이 기억난다. 그분의 권유 때문인지 모르지만 나는 그분을 만난 뒤 10년 만에 취재 현장을 떠났다. 그 10년 동안 나는 '바벨론 포로' 같은 직장에서 버티며 일했다. 결혼해서 아이 셋을 낳은 한 가정의 경제적 책임자로서 나는 계속 일을 해야 했다. 다섯 명의 가족이 생육하고 번성하기 위해.

사실 목회자의 목회도 생육하고 번성하기 위한 노동의 성격을 가지고 있다. 아무리 목회가 힘들어도 쉽게 그만 둘 수 없는 것은 영적 소명뿐 아니라 교회에서 사례비를 받아 가족을 먹여 살려야 하는 현실적 필요가 있기 때문이다. 최근 목회자들의 핫 이슈인 이중직 문제도 타락한 세상에서 생육하고 번성하라는 하나님의 명령에서 자유로운 사람이 세상에 아무도 없다는 사실을 반증한다.

내가 하는 일은 타자가 생육하고 번성하는 '생명 현상'에 어떤 형식으로든지 관계가 있다. 작은 가게에서 김밥 말아 파는 일도 좋은 재료를 이용해 저렴한 비용으로 팔 수 있다면 서민들의 건강에 도움을 주는 거룩한 노동이 된다. 하지만 고리대금업체에서 사무직 직원으로 열심히 일하는 것은 직접 소비자들과 접촉하지 않는다 해도 가난한 사람들의 생명을 갉아먹는 악한 노동이다.

하지만 타락한 세상에서 소명으로 일하기는 결코 쉽지 않다. 수많은 유혹과 모호함 속에서 그리스도인들은 소명의식을 잊어버리기도 하고 무시하기도 한다. 많은 그리스도인들은 교회에서 자신의 일터와 일에 관한 가르침과 돌봄을 거의 받지 못하고 있다. 자기 성도들의 일이 얼마나 힘들고 또 거룩한지를 이해하고, 가르치고, 격려하고, 위로하는 목회자가 많지 않다.

어떻게 해야 그리스도인들은 바쁘고 거칠고 피곤한 일터에서 소명으로 일하며 기뻐할 수 있을까? 우리는 하나님과 세상 사이에서 제사장과 같은 신분으로 일한다. 하나님이 출애굽 이스라엘 백성을 제사장 나라(출 19:5)로 선택하신 것은 우상 숭배의 땅 가나안을 거룩한 하나님 나라로 바꾸라는 의도였다. 제사장은 자신의 뜻이 아니라 자신을 부르신 하나님의 뜻에 따라 움직이는 직분자다. 제사장은 무엇이 하나님의 뜻인지를 항상 듣고 마음에 되새겨야 한다.

> "이스라엘아, 듣고 삼가 그것을 행하라 그리하면 네가 복을 받고 네 조상들의 하나님 여호와께서 네게 허락하심 같이 젖과 꿀이 흐르는 땅에서 네가 크게 번성하리라"
>
> *신명기 6장 3절*

하나님의 제사장 나라로 선택받은 이스라엘 백성들은 40년 방황을 마치고 요단강 건너 가나안으로 들어가기 전에 다시 하나님의 명령을 받았다. 그들은 가나안에서 생육하고 번성하기 위해서 하나님의 말씀을 들어야 했다. 그들은 가나안에서 하나님 나라를 세우기 위해 어떻게 다스리고 경작하고 지켜야 하는지 구체적으로 가르쳐주시는 하나님의 말씀을 들어야 했다. 하나님은 율법으로 이스라엘이 어떻게 일하고 살아야 하는지를 그들의 귀에 들려주셨다.

불행하게도 그들은 가나안 정착 이후 하나님의 말씀을 듣지 않아 말씀이 온 땅에 희귀해지는 불행한 사태를 맞이했다. 그들은 하나님의 말씀대로 살지 않고 각자 소견에 옳은 대로 행함으로써 이스라엘은 수 백 년 동안 혼돈 속에서 살았다. 그들이 열심히 일해서 수확한 곡식들은 이방인들이 쳐들어와 빼앗아 가고 이방 왕들에게 조공으로 바쳐졌다.

노동이 하나님의 소명이라고 믿는다면, 그리스도인들은 "다스리라, 경작하라, 지키라"는 하나님의 말씀을 듣고 그 뜻과 목적을 분명히 이해하고 자기 일에 적용하기 위해 노력해야 한다. 우리는 교회에서 드리는 예배를 통해, 개인적인 성경 묵상과 공부를 통해, 기도를 통해 하나님이 우리의 일에서 바라시는 것이 무엇인지 들어야 한다. 우리는 기록된 말씀을 통해, 때론 개인적으로 들려주시는 음성을 통해 하나님의 소명을 들어야 한다. 들음을 통해 우리는 일이 우리의 욕망을 채우는 수단이 아니라 하나님의 뜻에 따라 하나님 나라를 세우는 과정의 한 부분을 차지하고 있음을 깨달아야 한다.

그리스도인들이 매일 바쁘게 돌아가는 일터에서 하나님의 말씀을 듣는 것은 생각보다 간단한 일이 아니다. 하지만 하나님 말씀 듣기를 소홀히 하면 우리는 쉽게 세상의 유혹에 넘어간다. 우리도 세상 사람들처럼 자기 욕망에 따라 무리하게 혹은 불의하게 일하다 좋지 않은 결과를 얻는다.

> **소명을 위해 하나님의 말씀 듣기**
> 그리스도인들이 매일 바쁘게 돌아가는 일터에서 하나님의 말씀을 듣는 것은 생각보다 간단한 일이 아니다. 하지만 하나님 말씀 듣기를 소홀히 하면 우리는 쉽게 세상의 유혹에 넘어간다.

일에서 진정한 기쁨을 얻지 못하게 된다. 내 자신의 성공에서 얻는 기쁨은 잠시 동안 머물다 사라질 뿐이다. 그러나 하나님의 말씀에 따라 일하며 얻은 기쁨은 퇴직 이후에도 영원히 내 마음에 남아 삶을 풍요롭게 한다.

일의 소명은 교회에서 오랫동안 잊혀졌다

기독교적 일의 소명(노동 소명)은 16세기 종교개혁의 산물이라고 해도 과언이 아니다. 그 이전 시대에는 교회 안팎에서 노동 소명론을 거의 들을 수 없었다. 구약 성서에 그렇게 많이 등장하는 일에 관한 말씀들이 신약성서에서는 희귀하다. 초대 교회 교부들의 저작들에서 노동 소명을 언급하는 자료들을 찾기 어렵다. 노동 문제는 당시 시급한 신학적 교회적 이슈들에 포함되지 않았기 때문일 것이다.

그 이후 세워진 고대 교회에서도 마찬가지다. 이 시대 노동에 대한 교회의 관점은 그리스 로마 시대 노동관과 크게 다르지 않았다. 고대 시대에 인간의 노동은 철학이나 정치 등 정신적 활동에 비해 가치가 떨어지는 행위로 취급당했다. 아리스토텔레스는 육체노동을 노예들의 몫으로 돌렸다. 노예들은 귀족이나 자유 시민들이 사고하고 통치하는 정신 활동에 전념할 수 있도록 대신 육체노동을 해야 했다.

고대 교부들은 청빈과 금욕을 강조함으로써 일상적 노동에 대해서는 소극적 혹은 부정적 입장을 견지했다. 나지안주스의 그레고리는 노동을 포함한 기존의 경제 질서가 더 많은 부의 소유를 추구한다는 이유로 인간 타락의 현상이라고 정죄했다. 교부들은 사유재산 제도와 물질적 부에 대해 부정적이어서 그리스도인들이 일해서 돈 버는 행위를 존중하지 않았다. 심지어 경멸하기까지 했다.

중세 교회의 노동관도 기본적으로 고대 교회 노동관의 토대에 서 있다. 다만 중세 교회는 고대 시대보다 노동에 새로운 의미를 부여하려는 시도를 했다. 중세 초기 아우구스티누스는 삶을 행동하는 삶(vita activa)과 관조하는 삶(vita contemplativa)으로 구분하고 노동과 같은 행동하는 삶보다 말씀을 묵상하고 기도하는 관조적 삶에 더 높은 가치를 부여했다. 아우구스티누스에 따르면, 행동하는 삶은 세상을 유지하기 위해 필요하지만 관조하는 삶은 하나님의 구원을 받기 위해 더 사랑받을만하다. 생계를 벌기 위한 노동은 세속적인 일이고, 조용히 앉아서 하나님을 찾는 행위는 성스러운 일이라는 성속 이분법의 관점이 아우구스티누스 이후 중세 교회를 지배했다.

중세 시대에 일어난 수도원 운동은 아우구스티누스의 노동관에 약간의 변화를 추구했지만 노동은 여전히 '모든' 사람들에게 주어진 하나님의 소명이라는 생각으로까지 발전하지 못했다. 오히려 수도원 운동은 하나님의 소명을 사제나 수녀, 수도사 등 종교적인 신분을 가진 사람들에 한정하는 중세의 흐름을 가속화시켰다. 다만 노동은 영적 구원을 위한 보조적 역할을 할 수 있다는 제한적 가치라도 부여받았다는 점에서 고대 시대에 비해서는 좀 더 적극적인 의미를 갖게 되었다.

성 베네딕트는 이렇게 말했다. "나태는 영혼의 적이다. 형제들은 정해진 시간에 노동에 종사하고, 다른 시간에는 종교서적을 읽는 일에 집중해야 한다." 노동은 구원을 방해하는 나태를 다스리는 영적 훈련의 하나로 여겨졌다. 그러나 베네딕트 수도원 운동이 쇠퇴하면서 중세 시대의 노동관은 고대 시대 노동관으로 후퇴하는 듯 했다.

클루니 수도원이나 시토 수도원, 프란시스 수도원, 도미니크 수도원 등 중세의 다양한 수도원 운동에서 수도사들은 수도원을 유지하기 위한 일상적 일을 평신도나 평수사들에게 맡기고 영적 활동에 집중했다. 시토 수도원 운동 초창기에는 수도사들이 농사를 짓고 장인(匠人)의 일을 하고 교회를 건축하는 등 육체노동을 했지만 수도원이 부유해지면서 수도사들은 육체노동을 중단하고 다시 '영적 활동'에 전념하게 되었다.

중세 후기 스콜라 신학을 집대성한 토마스 아퀴나스는 아우구스티누스의 성속 이분법적 노동관을 더욱 공고히 했다. 그는 신학과 신앙 같은 은혜의 세계와 노동과 학문 같은 자연의 세계를 구분하고 은혜가 자연 위에 있음을 강조했다. 은혜의 세계에서 살아가는 성직자는 자연의 세계에서 일하는 사람들보다 우월한 지위에 있었다. 아퀴나스는 평신도들의 노동이 선하기는 하지만, 본질적으로 노동에는 하나님의 은총이 결여되어 있다고 보았다. 아퀴나스 신학이 지배하던 중세 교회에서 평신도의 노동은 신적 거룩함에 이를 수 없는 세속적 일로 치부되었다. 반면 사제와 수도사의 종교적 활동은 거룩한 일로 선망의 대상이 되었다.

중세 시대의 신앙은 분주한 육체노동을 떠나서 홀로 하나님과 대면하고 교제하는 것을 의미했다. 노동에 대해 일정한 가치를 인정한 스콜라 신학에서도 노동은 신앙과 분리되고 신앙보다 낮은 가치만을 인정받았다. 평신도의 노동은 특별한 소명을 받은 종교 엘리트들의 영적 생활을 위한 경제적 공급원의 역할을 했다는 측면에서 고대 시대의 노동관과 별반 다르지 않았다. 육체노동을 하는 사람들은 종교적 활동에 전념하는 사람들에게 열등감을 가지고 있었다.

일의 소명은 종교개혁의 위대한 유산이다

이러한 이분법적 노동관은 종교개혁을 시작한 마틴 루터에 의해 심각한 도전을 받았다. 루터는 평신도들의 노동이 성직자들의 종교적 활동만큼 거룩한 하나님의 소명이라는 사실을 교회 역사에서 처음으로 주장했다. 이러한 노동관은 기독교에서 경천동지(驚天動地)할만한 주장이었다. 기껏 해야 신앙을 위한 도구로서 가치를 인정받던 평신도들의 노동이 루터에 의해 교회 역사상 처음으로 신적 가치를 부여받았다.

루터의 새로운 발견은 그가 주장한 만인제사장 교리에 근거를 두고 있다. 루터는 교회의 사제들을 통해 전달되던 구원을 모든 사람들에게 되돌려줌으로써 특정한 사람만이 하나님의 제사장이 되는 것이 아니라 모든 사람이 제사장이라는 사실을 발견했다. 그의 만인제사장 교리는 즉각적으로 성도들의 일상적 노동에 새로운 빛을 비추었다. 사제와 교회를 위한 노동에서 노동의 가치를 추구했던 평신도들은 자기 손으로 하는 노동이 이제 직접적으로 이웃을 섬기고 하나님을 섬기는 신적 가치가 있다는 사실을 믿게 되었다.

루터는 우리가 각자의 일터에서 하는 일이 세상을 향한 하나님의 일이라고 말했다. 하나님은 이 세상을 축복하시는데 직접 나서시는 것이 아니라 우리가 하는 일을 통해서 간접적으로 하신다는 뜻이다. 루터는 우리가 하는 일이 이웃을 섬기는 것이라면, 영적인 일이든 육

> **루터의 노동소명**
> 루터는 평신도들의 노동이 성직자들의 종교적 활동만큼 거룩한 하나님의 소명이라는 사실을 교회 역사에서 처음으로 주장했다. 이러한 노동관은 기독교에서 경천동지(驚天動地)할만한 주장이었다. 기껏 해야 신앙을 위한 도구로서 가치를 인정받던 평신도들의 노동이 루터에 의해 교회 역사상 처음으로 신적 가치를 부여받았다.

체적인 일이든 하나님의 소명에 충실한 일이라고 강조했다. 그는 우리 모두가 세상에서 하는 일을 하나님이 우리의 가면을 쓰고 하시는 일이라고 설교하기도 했다.

> 밭, 정원, 도시, 집, 정부, 하물며 아이를 돌보는 어떤 다른 일도… 하나님의 가면들이다. 하나님은 가면에 숨어서 모든 것들을 하시길 원하신다. 하나님은 남자와 여자가 없어도 아기를 주실 수 있는 분이시다. 그러나 하나님은 그렇게 하시는 것을 원하시지 않는다. 대신 하나님은 남자와 여자를 합하시어 이들의 일이 나타나도록 하신다. 그리고 아직도 하나님은 그 가면 아래서 이런 일을 하신다. 따라서 우리는 '하나님은 매우 선하신 것을 주시지만 단지 요술 지팡이를 움직이는 방식으로 하지 않으신다'고 말한다. 하나님은 모든 선한 선물을 주시지만 당신은 모든 것을 하나님께 미루지 말고 하나님께 손을 빌려드려 황소를 잡아야 한다. 이것은 당신이 일해야 한다는 것이며, 따라서 선한 동기와 가면을 하나님께 드려야 한다는 것이다.[9]

루터의 노동 소명론은 이후 개신교회 노동관의 초석이 되었다. 칼뱅은 루터의 노동 소명론을 이어받아 발전시켰다. 그는 루터와 마찬가지로 인간이 하는 일은 하나님의 일이라고 규정한다. 그에 따르면, 하나님이 일하기 때문에 인간이 일하며, 하나님은 피조물들의 생명을 위해 인간의 노동을 동원하신다. 그러므로 인간이 올바르게 일하면, 하나님은 그 노동을 통해 피조물들의 삶을 유지시키고 발전시키신다. 인간은 자신의 일을 통해 하나님의 신성한 활동에 참여한다.

칼뱅은 특히 그리스도 안에서 회복된 노동의 존엄성을 강조한다. 죄인은 그리스도의 죄 사함을 통해 하나님과 화해하고 성화될 때 자신의 노동이 이웃을 위한 헌신이 된다고 지적한다. 그리스도인은 노동을 통해 이웃과 연대함으로써 이웃과 함께 죄의 사슬에서 해방되고 육체적 영적 삶을 풍요롭게 한다. 그리스도인들은 이러한 열매를 얻기 위해 하나님께서 각자에게 주신 달란트를 최대한 활용해 자기 자신뿐 아니라 이웃들을 위해 노력해야 한다고 칼뱅은 설교했다.

청교도들은 그리스도인들의 노동 소명을 어느 시대보다 강조했다. 청교도들은 모든 사람들이 하나님으로부터 일반 소명(혹은 내적 소명)과 특별 소명(외적 소명)을 받는다고 했다. 전자는 그리스도의 복음으로 부르심이고, 후자는 각자의 일터로 부르심이다. 교회는 교인들의 일터 소명을 분별해주는 역할도 맡아야 한다는 주장도 제기됐다.

이들은 종교개혁자들보다 훨씬 더 엄격하게 그리스도인들의 노동 소명을 강조했는데, 일하지 않는 것은 하나님이 주신 능력을 사용하지 않는 게으름이라고 정죄했다. "열심히 일하지 않는 것은 돼지 같은 짓이고 죄악이다"라는 설교가 강단에서 자주 선포되었다. 일터에서 성실과 근면과 절약은 청교도들이 가져야 할 덕목이었다. 막스 베버는 이러한 청교도들의 노동 소명관이 자본주의 발전의 원동력이 되었다고 분석했다.

루터가 발견한 노동 소명론은 안타깝게도 유럽 계몽주의 시대에 개인주의화와 세속화 소용돌이 속에서 거의 실종됐다. 복음은 개인의 사적 영역으로 후퇴하였고, 교회는 사회복음주의자들 외에는 세상 일터에서 일어나는 일에 대해 언급하기를 꺼려했다.

20세기 초중반 들어 디트리히 본회퍼, 칼 바르트와 같은 신학자들은 루터교회와 개혁교회가 발견하고 발전시켜온 노동 소명론을 재점화했다. 바르트는 그리스도 안에서 그리스도인들은 자신의 노동이 하나님의 은혜이면서 세상을 향한 의무라고 말했다. 특히 방향과 의미를 잃어버린 현대인들의 노동 위기를 극복하기 위해서는 안식일 계명에 따라 주기적으로 노동을 중단하고 하나님 앞에서 자신의 노동을 성찰하는(reflect) 시간을 통해 노동의 소명 의식을 반복적으로 재확인할 것을 제안했다. 공공신학과 평신도신학이라는 새로운 영역들이 개척되기 시작하면서 전통적인 노동 소명론은 비판적으로 재조명되기 시작했다.

봉건 사회를 배경으로 하는 16세기 루터의 노동 소명론은 21세기에 그대로 적용하기 어려운 것이 사실이다. 밀로슬라프 볼프는 현대에는 노동의 소외 현상과 다양한 직업 선택 기회 등 예전에는 상상할 수 없었던 새로운 상황들이 많이 발생해 전통적인 노동 소명론을 우리 시대에 적용하기가 적절하지 않다고 지적했다. 그는 역동적이고 다변화 하는 세계화 시대에는 우리를 새롭게 하는 성령의 은사에 따라 창조적으로 일하는 노력이 중요하다고 제안했다. 이른바 성령론에 근거한 노동 소명론이다. 볼프의 소명론은 논란의 여지가 있지만, 탈종교 시대에 일터라는 공공 영역에서 종교적 의미를 찾으려는 신선한 시도다.

그러나 일에 대한 과도한 강조는 위험하다

현대사회의 어느 영역에서든 인간의 적극적인 활동과 부지런한 노동이 갈수록 강조되고 있다. 관조적인 삶은 특별하게 구별된 성직자들의 라이프 스타일이고, 적극적으로 행동하는 삶은 성직자들을 제외한 모든 사람들이 마땅히 취해야 할 삶의 방식이라는 생각이 일반화되었다. 현대는 바야흐로 경제의 시대다. 경제 문제가 각종 선거에서 최고의 이슈를 차지한다. 더 많이 일하고 더 많은 돈을 버는 삶이 칭송을 받는다. 이 때문에 우리 삶은 점점 더 바빠지고 쉴 시간이 줄어들고 있다.

오랫동안 성직자들이 세상에 미쳤던 영향은 거의 상실됐다. 이제 세상은 일하는 평신도들의 세상이 되었다. 일터신학자 폴 스티븐스는 성직자가 아니라 평신도가 교회의 주축을 이룬다는 다소 도전적인 평신도신학을 제시했다. 그는 하나님 나라가 성직자들의 종교적 활동이 아니라 평신도들이 매일 일터에서 하는 일을 통해 세상 한 가운데 세워진다고 힘주어 말했다. 심지어 성직자 중심의 교회에서 평신도들을 해방시키라고 요구했다.[10]

스티븐스는 교회가 매일의 일터에서 일하는 그리스도인들이야말로 하나님 나라 파트너라는 사실을 제대로 인정하지 않았다는 점을 지적했다. 이제는 교회가 평신도들을 주중에 세상에 파송함으로써 그들과 함께 일터로 나가야 한다고 그는 강조했다. 선교사나 목사와 평신도가 모두 하나님 나라의 '한 백성'으로서 세상에 하나님 나라를 세우기 위해 협력해야 한다는 논지다. 일터 그리스도인들의 노동은 하나님 나라를 위한 보조 역할에 머무는 것이 아니라 하나님 나라 건설의 핵심이라고 스티븐스는 주장했다.

> **교회의 파송**
> 이제는 교회가 평신도들을 주중에 세상에 파송함으로써 그들과 함께 일터로 나가야 한다

종교개혁 이후 인간의 노동은 거룩한 소명으로 인정되었고, 현대에 이르러서는 오히려 하나님 나라 완성을 위한 필수적 인간 활동으로까지 의미가 확대되었다. 그러나 일에 대한 지나친 강조와 의미 부여는 경계해야 한다. 자칫 인간의 일이 하나님 나라 성취에 가장 중심적인 역할을 하게 되면, 이는 종교개혁 이후 개신교가 피를 흘리며 보존해온 구원 교리를 훼손하게 된다. 하나님 나라는 믿음으로 들어가는 것이지 노동으로 만들어가는 것이 아니다. 그리스도 안에서 믿음은 노동을 새롭게 한다. 하지만 우리가 세상에서 경험하는 것처럼

타락한 세상에서 노동의 소명은 인간의 불완전함 때문에 부분적인 성취를 이룰 수 있을 뿐이다.

고대 교회와 중세 교회가 육체노동에 대해 정신적 혹은 영적 훈련보다 더 높은 가치를 부여하지 않았다는 사실은 인간의 구원이 우리 노력의 산물이 아니라 하나님의 전적인 은혜라는 사실에 천착했기 때문이다. 기독교 전통은 인간의 노동에 일정한 가치를 부여하되 한계를 정해놓았다. 교회가 오랫동안 지켜온 이런 전통을 새로운 시대가 도래했다고 소홀히 생각해서는 안 된다. 전통에는 그만한 이유가 있는 법이다.

R. H. 토니가 『기독교와 자본주의의 발흥』에서 분석한 것처럼, 종교개혁가들이 발견한 노동 소명론으로 그리스도인들은 더욱 적극적으로 교회 밖 세상일에 참여할 수 있게 되었고 자본주의와 과학기술 발전에 공헌했다. 이와 더불어 노동 소명론은 부르주아 자본주의가 발전하는 과정에서 지나치게 세상 소명을 강조함으로써 영적 소명을 잠식하는 부작용을 가져왔다는 막스 베버의 비판도 타당성이 있다.

이제는 루터가 처음 제시한 노동 소명론 즉, 우리의 일터를 향하신 하나님의 부르심에 대한 생각을 우리 현실에 맞게 새롭게 정립해야 한다. 이를 위해 우리는 우리가 처한 현실을 배경으로 그리스도인들은 무엇을 위해 일해야 하는지를 질문해야 한다. 우리는 루터의 노동 소명론에서 발견할 수 없는 일의 의미를 앞에서 살펴본 창조 신학과 다음 장에서 살펴볼 그리스도의 제자도 신학을 통해 보다 현실적으로 보완해야 할 필요가 있다.

요셉, 하나님의 소명에 충실했던 정치인

창세기 39장부터 50장에 걸쳐 길게 소개되는 요셉의 이야기는 어려운 환경 속에서 성공한 사례로 자주 읽힌다. 하지만 요셉 이야기는 노예 출신이 최고의 자리로 올라간 '성공 스토리'가 아니라 '소명으로 살아간 하나님의 백성'에 대한 이야기다. 요셉의 이야기는 이러한 주제를 위해 신학적으로 매우 정교하게 짜여졌다.

요셉은 불의하게 끌려간 애굽 땅에서 자신을 향한 하나님의 뜻을 찾았고, 순간순간 하나님의 말씀에 귀를 기울여 신실하게 반응함으로써 위기를 극복할 수 있었다. 그는 매사에 하나님의 뜻을 구했다. 하나님의 마음으로 자신이 처한 현실을 바라보았기에 비관하거나 불평하지 않았다.

요셉은 어떤 상황에서도 하나님의 부르심에 민감하게 반응해야 하나님을 대신하여 '하나님의 형상'으로서 일할 수 있음을 보여주었다. 요셉은 보디발의 집안 총무로 일할 때, 보디발 아내의 유혹을 받았다. 그러나 그는 "내가 어찌 이 큰 악을 행하여 하나님께 죄를 지으리이까?"하고 뿌리쳤다. 그는 이 사건으로 누명을 쓰고 보디발의 감옥에 억울하게 갇혀 있었지만 성실한 감옥 총무 역할을 하며 술 관원의 꿈을 해몽해 주었으며 2년 뒤에는 바로의 꿈을 해몽하고 총리의 자리에 올랐다.

요셉은 총리로서 자신의 권세를 이용해 자신의 유익을 구한 것이 아니라 하나님의 뜻에 철저하게 순종했다. 그는 자신이 아니라 하나님이 바로의 꿈을 해석했다고 믿었다. 바로는 하나님이 그와 함께 계시고 그에게 말씀하신다는 사실을 눈치 챘다. 창세기 저자는 바로의 입을 통해서 요셉이 자신의 능력이 아니라 하나님이 주시는 능력으로 일하는 사람이라는 사실을 드러냈다. "이와 같이 하나님의 영에 감동된 사람을 우리가 어찌 찾을 수 있으리요"(창 41:38). "하나님이 이 모든 것을 네게 보이셨으니 너와 같이 명철하고 지혜 있는 자가 없도다"(창 41:39).

요셉이 가는 곳마다 하나님의 복이 넘쳤다. 하나님은 기근의 위기에 죽어가는 사람들의 생명을 구원하는 도구로 요셉을 선택해 사용하셨다. 하나님은 세상 일에 개입하실 때 아무나 선택하시는 것이 아니라 하나님의 말씀을 듣고 순종하는 사람을 택하신다. 요셉은 아버지 야곱이 죽은 뒤에 잔뜩 두려움에 휩싸여 자신을 찾아와 용서를 구하며 보복하지 말라고 당부할 때 이렇게 말했다. "두려워하지 마소서. 내가 하나님을 대신하리이까. 당신들은 나를 해하려 하였으나 하나님은 그것을 선으로 바꾸사 오늘과 같이 많은 백성의 생명을 구원하게 하시려 하셨나니 당신들은 두려워하지 마소서. 내가 당신들과 당신들의 자녀를 기르리이다"(창 50:19~21).

요셉 이야기는 타락한 세상에서, 죽음의 힘이 지배하는 현실 속에서 하나님이 세상을 창조하신 목적을 어떻게 성취해 가시는지 보여준다. 하나님은 하나님의 말씀을 듣는 요셉을 통해 기근으로 죽어가는 생명들을 구원하셨다. 요셉은 보디발의 집안과 감옥, 바로의 궁전이라는 일터에서 탁월한 능력으로 일함으로써 결과적으로 아버지 야곱의 후손들이 생육하고 번성하는데 결정적인 역할을 했다.

궁극적으로 요셉은 가나안 땅에서 대기근으로 생존의 위협을 받던 야곱 가문을 구원하고 이스라엘 백성을 잉태하시는 하나님의 구원계획에 참여할 수 있었다. "이스라엘 족속이 애굽 고센 땅에 거주하며 거기서 생업을 얻어 생육하고 번성하였더라"(창 47:27). 요셉은 생육하고 번성하라는 창조주 하나님의 존재 명령을 위해 일한 신실한 종으로 지금까지 기억되고 있다.

하나님은 첫 사람 아담에게 "경작하고 지키라"고 말씀하셨지만, 아담은 선악과를 따먹어 에덴동산을 지키지 못했다. 그러나 요셉은 하나님의 말씀을 듣고 의지하고 순종했다. 그가 보디발 아내의 집요한 성적 유혹을 이겨낼 수 있었던 것도 하나님 말씀을 듣고 지켰기 때문이었다. 아담은 하나님의 부르심에 성실히 응답하지 않았기 때문에 생명의 세상에 죽음을 가져왔지만, 요셉은 하나님의 부르심에 성실히 따름으로써 죽음의 세상에서 생명을 구했다.

요셉의 이야기에서 약육강식의 시대를 살아가는 현대 그리스도인들이 어떻게 일해야 하는지 배울 수 있다. 그리스도인들에게 일터 상황은 결코 우호적이지 않다. 그러나 그 가운데에서도 하나님은 말씀하신다. 그리스도인들은 자신이 처한 환경에서 하나님을 응시하고 귀 기울여야 한다. 성령 하나님은 우리에게 말씀하신다. 우리는 그 말씀을 듣고 순종해야 한다. 우리는 기억해야 한다. 하나님은 우리를 통해 세상을 생육하고 번성하는 생명의 동산으로 가꾸기 원하신다는 사실을. 우리는 이 세상을 생명이 번성할 수 있는 선한 곳으로 만드는 일을 하도록 하나님의 부르심을 받았다.

일은 '생명에 봉사하라'는 하나님의 소명이다

'하나님의 형상'으로 창조된 인간은 창조 세계를 다스리라는 소명을 받았다. 이 소명은 창조 세계가 생명으로 충만하도록 섬기는 일이다. 사람은 창조될 때부터 자신의 생존을 위해 일하는 존재가 아니었다. 인간은 원래 타자를 위한 존재로 창조되었고, 노동은 이러한 인간의 본성을 실현하는 가장 중요한 수단 가운데 하나다. 그러나 사람들은 타락한 세상 속에서 살아남기 경쟁에 지쳐서 노동을 오직 자신의 생존을 위한 도구로 생각하기 때문에 피곤하고 불안한 직장인으로 살아간다. 우리는 이러한 현실을 타개하고 노동에서 기쁨을 얻기 위해 '하나님의 형상'이라는 우리의 정체성에 충실해야 한다.

우리는 우리에게 주어진 소명을 발견하기 위해 하나님의 말씀을 들어야 한다. 하나님은 듣는 자를 향하여 당신의 일을 명령하신다는 사실을 기억하고 소명에 부응해야 한다. 하나님의 소명에 부응하는 일을 할 때, 우리는 소득에 상관없이 노동의 진정한 의미를 발견하고 기쁨을 누린다. 우리가 일을 통해 이웃의 생명에 봉사할 때, 일하는 우리의 마음은 기쁨으로 충만해진다. 이것이 우리가 일상에서 하나님께 몸으로 드리는 예배다.

하지만 현실은 그리 명쾌하지 않다. 모호하고 혼란스러운 곳이다. 하나님의 부르심이 들리지 않을 때도 있다. 소명을 분별하기 어려울 때도 있다. 어떻게 일해야 타자의 생명을 번성하게 하는 것인지 분명하지 않을 때도 많다. 일터 현실은 참으로 복잡한 곳이다. 이런 곳에서 우리는 어떻게 소명으로 일할 수 있을까? 다음 장에서 우리는 모호하고 어려운 현실에서 소명으로 하는 일의 구체적인 의미와 방법을 살핀다.

일터신앙

Listen
Love
Pray
Endure

제2장
사랑하라

그리스도의 제자로 일하기

돈보다 사람이 우선이다

대부분의 현대인들에게 회사 혹은 조직은 돈을 의미한다. 돈은 회사에 결정적으로 중요하다. 그렇다면 회사에서 사람은 돈만큼 소중한 존재일까? 돈은 사람이 벌지만, 정작 사람은 돈에 가려 잘 보이지 않는다. 자본주의 사회의 회사들과 조직들에서 흔히 발견되는 풍경이다. 물론 회사가 사람을 중요하게 취급하는 경우에도 '돈 버는데 필요한 사람'이란 전제 조건이 붙는다.

1세기 전 독일의 사회학자 게오르그 짐멜은 경제와 과학적 원리가 지배하는 객관 문화와 종교적 철학적 사유를 하는 영혼이 이끄는 자율적 주관 문화를 구분했다. 물론 자본주의 시장경제는 철저하게 객관 문화에 속한다.[1] 객관 문화의 일터에서는 종교적 가치관과 철학적 사유가 그리 환영받지 못한다. 직장인들은 출근할 때 그런 '사적인' 것들을 머리에서 지울 것을 요구받는다. 그들은 오직 숫자와 효율성이 통제하는 세계로 들어간다.

객관 세계에서 효율성의 가장 강력한 상징 도구는 돈이다. 돈은 세상 모든 것들의 가치를 가늠하는 기준이며 도구다. 사회학자들조차도 사회 구성원들 사이에 일어나는 다양한 갈등의 효용성을 돈으로 측정한다. 갈등을 해소하는데 드는 노력과 결과를 돈으로 추산해서 비용이 더 크면 갈등은 나쁜 것이고, 이득이 나면 갈등은 좋은 것이 된다. 짐멜은 근대 문화에서 돈이란 모든 것을 구입할 수 있는 전능

한 권력을 가진 진정한 '능력자'의 지위를 차지하게 되었다고 분석했다.[2]

원래 물물교환 시장에서 물건의 가치를 평가하는 중간매개 역할만 했던 돈이 자본주의 시장에서는 거꾸로 모든 것을 손에 넣을 수 있는 수단이면서 동시에 목적이 되었다. 사람들은 이제 시장에서 자기가 원하는 물건을 얻기 위한 수단으로 돈을 가지고 다니지 않는다. 그들은 돈을 벌기 위해 물건을 사고판다. 주객이 바뀐 것이다. 이제 사람들은 물건이나 서비스를 원하는 것보다 이런 것들을 살 수 있는 돈 자체를 원한다.

현대인들은 먹고, 자녀 교육시키고, 여가를 즐기고, 노후 준비하는 것과 같은 인생의 중요한 일들을 위해 돈을 먼저 따진다. 마치 돈이 우리 삶의 문제를 해결해줄 수 있는 최고의 수단인 것처럼 생각한다. 현대인들이 열심히 일해 돈을 벌기 원하는 이유다. 돈은 점점 삶에서 가장 중요한 목적이 되어간다.

회사에서는 돈을 많이 버는 사람 순서대로 가치가 매겨진다. 내 친구 K는 은행 지점장으로 승진한 기쁨을 딱 사흘 동안만 누렸다. 나흘째부터는 끔찍한 실적 경쟁의 압박으로 악몽 같은 2년을 보냈다. 결국 그는 실적 미달로 지점장 자리에서 밀려나고 다음해 명예퇴직을 신청했다. 그는 대학 졸업 이후 젊은 청춘을 다 바친 직장에서 돈을 벌어오지 못한다는 이유로 쫓겨났다. 돈이 지배하는 일터는 잔인하기 짝이 없다. 하룻밤 사이에 책상이 빠진다.

루터가 발견한 소중한 노동 소명론이 근대 유럽 사회에서 거의 자취를 감췄던 것은 자본주의 발전과 함께 돈의 위력이 유럽 문명을 휩쓸었던 영향이 크다. 교회는 과학기술의 발전과 돈의 위상, 효율성에 대한 근대인들의 맹신 앞에서 속수무책으로 뒤로 후퇴했다.

그러나 돈과 과학기술은 사람을 만족스럽고 가치 있게 만들어주는 가장 중요한 요인도 아니고 그럴 능력도 없다. 우리를 행복하게 해주는 가장 중요한 요인은 역시 사람이다. 일터에서도 마찬가지다. 일터에서 행복하게 살려면 함께 일하는 사람들과 행복해야 하지만 현실은 정 반대다. 돈과 실적과 효율성으로 사람을 평가하는 일터에서는 사람에 대한 신뢰와 존중을 기대하기 어렵다. 그러니 일터에서 친구를 사귀는 일은 더욱 쉽지 않다. 어려울 때 서로 끌어주고 밀어주는 절친한 친구였던 입사 동기들이 어느 순간부터는 경쟁자가 되어 버린다.

마틴 부버는 한 세기 전 현대문명 비평서인 『나와 너』에서 나(I)와 너(you)의 인격적 관계가 I(나)-it(그것)-you(너)의 비인격적 관계로 바뀌었다고 날카롭게 지적했다. '나'와 '너'의 직접적인 인격적 관계가 비인격적인 노동이라는 '그것'을 매개로 관계가 형성된다.[3] 나와 너는 함께 회사라는 영역에서만 한시적으로 관계를 맺을 뿐이다. 회사 밖에서도 지속될만한 인격적 관계로 발전되는 경우는 드물다. 직장인들이 회사 사람들과 함께 주말을 보내는 것을 그리 반겨하지 않는 이유다. 사람들은 회사 안에서만 유효한 인간관계에서 자기 삶의 의미와 행복을 찾으려 하지 않는다. 일터에서 사람은 한 인격체가 아니라 하나의 자원으로 대상화 된지 오래다.

일터에서 기쁨과 보람과 의미를 찾으려면 생각을 바꿔야 한다. 일터에는 돈 이전에 사람이 있다. 사람들이 모여 협력하여 일하면서 돈을 버는 것이다. 이 일터에서 일하는 사람은 태초에 관계 안에서 창조되었다. 칼 바르트는 하나님이 첫 사람을 남자와 여자로 창조하셨다는 사실에서, 사람은 근본적으로 관계적 존재라는 점을 유추했다.[4] 사람은 어디에 있든지 결코 홀로 살 수 없으며 관계 속에서 인간성을 드러낸다. 관계는 단순히 '옆에 있는 사람 사이'라는 의미가 아니라 '사랑을 주고받는 사이'다. 우리는 직장이든 가정이든 어디든 개인으로만 존재하지 않는다. 관계 안에 존재하는 개인이다.

> **사람이 중요한 일터**
> 일터에서 기쁨과 보람과 의미를 찾으려면 생각을 바꿔야 한다. 일터에는 돈 이전에 사람이 있다. 사람들이 모여 협력하여 일하면서 돈을 버는 것이다.

아무리 돈 버는 것이 중요하더라도 나는 너와 함께 일해야 그 목적을 달성한다. 그러므로 나는 너를 만나서 관계를 맺어야 한다. 하지만 우리는 그 관계를 애써 '객관 문화'의 원리 안으로 밀어 넣고, 일터에서 만나는 사람을 그것(it)으로 대하려 한다. 우리는 직장에서 인간 본래의 모습 절반을 상실한다.

그리스도인은 이런 일터 현실에서 사람을 먼저 바라보아야 한다. 하나님은 자신이 창조한 사람들을 통해 하나님 나라를 이루신다. 예수님이 자신의 일터였던 사역 현장에서 자기에게 오는 사람들을 사랑하고 그들을 무조건 사랑했던 것처럼, 예수님의 제자들은 일터에서 만나는 사람을 돈보다 우선으로 여겨야 한다. 일터에서도 돈의 중요성은 사람을 앞지를 수 없다. 사람이 변하면 일터도 변하고 돈을 대하는 사람의 마음과 자세와 돈 자체도 변한다.

몇 년 간 취직 시험 준비 끝에 대기업에 취업한 30대 초반의 Y 형제는 2년 만에 미련 없이 퇴직했다. 매일 야근하는 것은 견딜 수 있었지만, 매일 숫자로 가득 찬 서류 더미에 파묻히고 업무적 수준을 넘지 못한 피상적 인관관계에서 '사람 갈증'이 심했다고 했다. 형제는 결국 퇴직 이후 상담대학원에 들어가 공부해 상담사의 길을 선택했다. Y 형제는 "상담으로 돈을 많이 벌지는 못하겠지만 사람들을 만나서 그들의 이야기를 듣고 어려움을 해결하기 위해 도움을 줄 수 있다는 것이 즐겁다"고 말하며 무척 행복해했다.

자신의 일을 소명으로 받아들이는 그리스도인들은 그 일을 통해 사람들을 생육하고 번성하게 해야 할 의무가 있다. 일터에는 사람이 있고, 우리는 그리스도인으로서 사람을 만나러 일터에 출근한다. 그 사람을 사랑하는 것이 소명으로 일하는 그리스도인들의 사명이다.

예수님의 제자로서 타자(他者)를 위하여 일하라

우리는 왜 일터에서 사람을 먼저 보아야 하는가? 정말 직장에서 돈보다 사람이 우선인가? 그것이 가능한가? 하나님의 형상으로 소명을 받아 일한다는 것은 구체적으로 무엇을 의미하는가? 이 질문들에 대한 답은 하나님의 광채의 본질이시며 형상으로 이 땅에 오신 하나님의 아들 예수 그리스도에서 찾아야 한다(히 1:3). 그리스도이신 예수님은 하나님의 형상으로 창조된 우리가 이 세상에서 무엇을 위해 어떻게 살아야 하는지 분명하게 보여주셨다.

우리가 그리스도의 제자로 일터에 간다면, 우리는 그리스도의 말씀에 따라 그리스도의 행동을 본받아야 한다. 그리스도는 많은 사람을 구원하기 위해 자기 목숨을 화목제물로 드리셨다(막 10:45). 그리스도는 "누구든지 나를 따라오려거든 자기를 부인하고 자기 십자가를 지고 나를 따르라"고 하셨다(막 8:34). 그리스도를 따르는 사람은 그리스도가 지상 사역을 통해 자신의 영광을 구하지 아니하고 오직 자신을 보내신 하나님의 뜻에 순종했던 것처럼, 자신의 영광을 구하지 아니하고 그리스도의 뜻에 순종한다.

그리스도께서 자기 생명을 다른 사람들을 위해 십자가에 희생 제물로 바치셨듯이, 그의 제자는 그리스도께서 가신 길을 뒤따르도록 부르심을 받았다. 자기를 부인한다는 말은 자기의 유익을 구하지 않는다는 것이다. 이는 자신의 존재를 부인하는 것이 아니라, 자신의 존재를 가장 적극적으로 긍정하는 것이다. 제자는 자신이 영광을 받으려는 욕망을 버리고 오직 그리스도의 뜻을 따라 갈 때 그리스도로부터 자신의 존재를 인정받는다.

그리스도의 제자는 종교적 영역 내 활동에서만 아니라 그가 가는 모든 곳에서 제자로 살아가도록 부르심을 받았다. 따라서 제자는 일터에서도 자신의 유익을 우선적으로 내세우지 않는다. 타인과의 경쟁에서 성공을 이루고 사람들에게 인정받으려는 목적으로 일하지 않는다. 오히려 제자는 자기가 하는 일을 통해 다른 사람들이 유익 얻는 것을 기뻐한다.

자기 십자가를 짊어진다는 것은 구레네 시몬이 예수님의 십자가를 대신 짊어졌듯 타인의 짐을 대신 짊어지는 것이다. 제자는 이웃의 짐이 감당하기 어려울 때 기꺼이 다가가 짐의 일부를 짊어지고 그가 가는 곳까지 함께 간다.

예수님은 결코 목표지향적인 사역을 하지 않으셨다. 오직 자신을 세상에 보내신 아버지의 뜻에 순종하는 사역을 하셨다. 잃어버린 사람들을 찾아 고쳐주시고 구원하기 위해 자신의 모든 시간과 에너지를 사용하셨다. 예수님은 갈릴리에서 여리고에 들러 예루살렘으로 향할 때 맹인 바디매오의 부르짖음을 들으시고 갈 길을 멈추고 돌아보셨다. 제자들은 예수님이 예루살렘에 속히 입성하도록 바디매오를 조용히 시키려 했지만, 예수님은 일정을 잠시 중단하고 바디매오의 눈을 뜨게 해주셨다.

예수님의 사역은 늘 이런 식이었다. 몰려드는 사람들에 둘러싸여 그들의 모든 요구를 들어주었다. 예수님은 자신을 향한 하나님의 뜻이 고통당하는 사람들의 짐을 함께 짊어지고 가볍게 해주는 역할임을 결코 잊지 않으셨다.

제자들도 직장에서 마찬가지다. 오직 자신의 일에만 집중하고 매달리는 것이 아니다. 제자들은 효율적 업무 수행으로 최고의 열매를 맺는 것도 중요하지만 주변 사람들의 짐을 짊어지고 함께 걸어가는 수고를 결코 소홀히 해서는 안 된다. 이런 과정에서 자신에게 불이익이 돌아오고 희생을 감내해야 하는 것은 어쩔 수 없는 제자의 운명이다. 제자의 삶은 좁은 길을 걷는 삶이며 순교자적 길을 걸어가는 헌신이다.

제자는 그리스도께서 가신 십자가의 길을 걸어간다. 십자가는 자기 부인의 길이지만 부활로 가는 관문이다. 하나님을 모

> **함께 걸어가는 일터 제자**
> 제자들은 효율적 업무 수행으로 최고의 열매를 맺는 것도 중요하지만 주변 사람들의 짐을 짊어지고 함께 걸어가는 수고를 결코 소홀히 해서는 안 된다.

르는 세상에서 하나님의 뜻에 순종하며 살기 위해서는 죽음마저 각오해야 한다. 탁월한 지혜와 능력을 가지신 그리스도께서는 하나님의 선한 구원 계획을 이루시기 위해 결국 어둠의 세계에서 십자가에 처형당하셨다. 그렇게 사탄이 지배하는 세상에서 하나님의 선한 구원은 가장 악랄한 반항을 맞이한다.

오랫동안 소프트웨어 제품을 개발하고 판매하는 작은 기업을 운영하는 T 집사는 뛰어난 제품을 개발하고 가장 합리적인 가격을 제시했음에도 불구하고 입찰에서 탈락되는 경험을 자주 했다. 그는 아무리 좋은 제품을 개발해도 공공연하게 뒷돈이나 리베이트를 요구하

는 사람들의 구미를 맞춰주지 않으면 낙찰을 받기가 어려웠다고 말했다. 하지만 그는 낙담하는 직원들에게 "하나님이 다 보고 계시는데 불법으로 계약을 딸 수는 없고 더 열심히 노력해서 남들보다 더 좋은 제품을 만들어 선택받도록 하자"고 설득했다. 정직하게 사업 하려는 사람들이 손해를 보는 일은 비즈니스 세계에서는 다반사다. "몇 명 안 되는 직원들이라도, 이들을 먹여 살려야 한다는 의무감과 신앙양심으로 사업하는 일은 정말로 어렵습니다. 그저 십자가의 길을 가는 마음으로 사업을 여기까지 끌고 왔습니다." T 집사의 고백이다.

하나님은 세상을 구원하기 위해 그리스도의 제자들을 일터로 보내신다. 일터 안에 똬리를 틀고 있는 악한 세력들이 소명에 따라 일하려는 제자들을 그냥 보고 있을 턱이 없다. 제자들은 출근할 때, 그리스도가 가신 길을 묵상하며 죄악된 세상에서 십자가 너머 부활의 소망을 바라보아야 한다.

그리스도의 제자는 그리스도처럼 자신이 아니라 타자를 위해 존재하는 사람이다. 제자는 자신이 직장에서 하는 일이 어떻게 타자의 생명에 도움을 줄 수 있는지 생각하고 실천해야 한다. 타자를 위해 일한다고 일터에서 항상 환영받지는 않는다. 오히려 더 많은 오해와 불이익과 박해를 받기도 한다. 일터에서 타자를 위해 선한 삶을 살아가려는 제자는 예수님처럼 외롭고 비난받는 고난을 각오해야 한다. '하나님의 형상'은 타자를 위해 살아가는 그리스도의 제자로 살아가는 삶을 통해 하나님이 원하시는 모습을 드러낸다.

하나님 나라의 씨앗을 뿌리는 외로운 일꾼

예수님은 붙잡히기 직전 제자들을 위한 마지막 기도에서 제자들의 정체성을 새롭게 정의하신다. 예수님의 제자들은 스승이 세상을 떠나더라도 여전히 세상에 남게 된다. 그들은 세상 안에 존재한다(요 17:11,14). 그들은 세속 문화와 일터 속에 여전히 남아 있다.

예수님은 제자들을 세상에서 불러내어 외딴 곳에 모여 살도록 하지 않으셨다. 오히려 제자들에게 십자가 사건 이후 흉흉한 예루살렘 성을 떠나지 말라고 부탁하셨다. 이 세상은 그리스도를 십자가에 못박고 교회를 오해하고 박해하는 사람들이 진치고 있는 곳이다. 이처럼 제자들은 돈을 벌 수 있다면 불법 탈법 가리지 않고 모사를 꾸미는 일터로 보냄을 받았다.

사도 바울은 그리스도인을 '하늘 시민권을 가지고 지상에서 살아가는 사람'이라 말한다(빌 3:20). 베드로는 세상에 흩어져 살아가는 나그네라고 했다(벧전 1:1). 그리스도 제자의 멤버십은 세상에 있지 않고 하늘에 있다. 제자는 자신의 생존과 교회의 성장을 위해 세상에 보냄을 받는 것이 아니다. 제자는 하나님이 자신의 독생자 아들을 보낼 만큼 사랑하신 이 세상(요 3:16)의 구원을 위해 보냄을 받는다. 세상을 하나님이 통치하시는 나라로 바꾸도록. 세상의 통치자를 '권세와 정사'가 아니라 창조주 하나님으로 바꾸는 것이 제자들이 비밀스럽게 추진하는 '혁명'이다.

제자와 세상의 관계에 대해 신학자들은 여러 가지 의견을 제시하고 있는데 달라스 윌라드와 스탠리 하우어워스의 상반된 입장이 대표적이다. 달라스 윌라드는 제자들을 세상 안에서 전복적(顚覆的) 삶을 살아가는 사람들이라고 말했다. 세상에 있지만 세상에 속하지 않은 그리스도의 제자는 언제든지 세상과 대립하고 세상을 변혁하고 궁극적으로 하나님의 선한 뜻에 따라 세상을 다스리는 '악한 세상에 대한 잠재적 반역자'라는 의미다.[5] 윌라드는 그리스도인들을 세상 안에서 세상을 변혁하는 누룩 같은 존재로 이해했다. 따라서 그리스도인들은 정치 경제 사회 문화 등 세상의 다방면에 적극적으로 참여해 기독교적 가치를 실현해야 한다.

반면, 메노나이트 전통에 서 있는 스탠리 하우어워스는 세상과 그리스도인들의 관계를 분리적 관점에서 이해했다. 그리스도인은 세상과 분리되어 교회 공동체의 일원으로 존재한다. 구원의 방주인 교회는 구원받아야 할 세상에 대안적 공동체로 존재한다. 그리스도인들의 소명은 끊임없이 그리스도를 닮아가며 교회를 하나님의 성품을 닮은 공동체로 가꾸는 것이지 세상을 직접 바꾸는 것이 아니다. 그리스도인은 교회를 통해 세상에 변혁적 모델을 제시해야 한다.[6]

나는 매일 일터로 출근하는 그리스도인들의 존재와 소명을 설명하는데 윌라드의 관점이 더 현실적이고 성서적이라고 생각한다. 주중에 그리스도인들은 교회 안에서 살지 않는다. 그들은 교회에 의해 세상에 파송되는 선교사와 같은 신분을 가지고 있다. 타 문화권에 파송된 선교사들은 현지 문화를 존중하고 현지인을 사랑하며 현지 음식과 언어에 익숙해져야 하지만 현지화를 통해 현지인을 그리스도에게 안내하고 현지의 거룩하지 않은 문화를 거룩하게 변화시키는 일을 한다.

일터에 파송된 그리스도인들도 마찬가지다. 그리스도인은 일터 언어와 문화와 조직에 익숙해져야 하지만 무조건 일터를 따라가는 것이 아니라 일터를 변화시키는 소망을 마음에 품고 일한다. 그리스도인은 일터에서 회사의 오너가 아니라 자신의 소유주이며 주님이신 그리스도를 위해 세상 일터에서 일하도록 부르심을 받은 제자다.

일터에 나가는 그리스도인은 '고용주에 채용된 직장인'과 '그리스도의 뒤를 따르는 제자'라는 두 가지 정체성 사이에서 긴장감을 가지고 살아갈 수밖에 없다. 앞의 정체성은 직장에서 일하는 시간에 제한되어 있지만, 뒤의 정체성은 하루 24시간 일주일 내내 제한이 없다. 두 정체성이 요구하는 행위들은 자주 충돌한다. 일과 신앙이 하나가 된다면 그리스도인들은 존재의 분열이라는 비극을 경험하지 않지만 일터에서 일과 신앙이 하나 되기가 참 어렵다.

제자들은 실존적으로 자신이 소속된 직장에서 제시하는 원칙을 따라야 한다. 그러나 그 원칙 위에 그리스도와 하나님이 계신다. 그리스도인들은 "만물이 다 그(그리스도)로 말미암고 그(그리스도)를 위하여 창조되었다"(골 1:16)는 우주적 그리스도론을 믿고 지켜야 한다. 그리스도에게 속하지 않은 일터를 그리스도를 위한 일터로 만들어나가는 일은 그리스도의 제자들에게 주어진 사명이다.

제자는 일터에서 "사랑하라"는 명령을 실천한다

일터 현실과 그리스도의 이상 가운데 겪는 갈등은 "네 이웃을 네 몸과 같이 사랑하라"는 하나님의 말씀 안에서 창조적으로 해소된다. 예수님은 만나는 모든 사람들에게 하나님의 사랑을 대신 전달하셨다. 먹여주고, 고쳐주고 그리고 살려주셨다. 그리고 자신의 생명을 많은 사람을 위한 대속물로 내어주셨다. 예수님은 제자들에게 내가 너희에게 한 것처럼 너희도 서로 사랑하라고 하셨다. 사랑은 그리스도인의 존재 방식이다. 그리스도인은 세상에서 내 이웃을 사랑하기 위해 십자가 은혜 안으로 부름 받은 사람들이다.

예수님은 하나님을 사랑하고 이웃을 내 자신 같이 사랑하는 것이 모든 율법과 선지자, 즉 하나님 말씀의 핵심이라고 가르쳤다. 예수님은 제자들과 마지막 만찬을 가지면서 그들에게 "서로 사랑하라"는 새 계명을 주셨다(요 13:34). 제자들이 서로 사랑하는 것은 세상에 예수 그리스도의 복음을 증언하는 방식이다. 그리스도인들은 사랑함으로써 세상 사람들의 관심이 그리스도에게 향하도록 이끌어간다.

예수님이 제자들에게 요구한 사랑은 자기 자신을 낮춰 제자들의 발을 씻어주고 십자가에서 자신을 내어주었던 것 같이 이웃을 위해 자신을 내어주며 섬기는 십자가의 길이다. 예수님은 유다와 베드로를 비롯한 열 두 제자들이 결정적인 순간에 자신을 팔고 부인하고 도망갈 것을 이미 알고 있었지만, 종처럼 그들의 발을 씻어주셨다. 예수님은 세족식을 통해 그들의 죄를 심판하려는 마음이 아니라 그들의 죄를 덮어버리는 사랑을 미리 계시하셨다. 단순한 겸손의 미덕이 아니었다. 비록 자신을 배신하더라도 자기 몸을 던져 상대가 다시 돌아올 수 있도록 사랑하라는 모범을 보여주셨다. 예수님이 보여주신 사랑은 이러한 아가페 사랑이었다.

> "사랑은 여기 있으니 우리가 하나님을 사랑하는 것이 아니요 하나님이 우리를 사랑하사 우리 죄를 속하기 위하여 화목 제물로 그 아들을 보내셨음이니라 사랑하는 자들아 하나님이 이같이 우리를 사랑하셨은즉 우리도 서로 사랑하는 것이 마땅하도다"
>
> 요한일서 4장 10~11절

아가페 사랑은 '나도 네가 하는 만큼'의 상호 평등적이고 호혜적인 사랑을 넘어선다. 아가페 사랑은 일방적이다. 하나님이 먼저 우리를 찾아와 사랑하시고, 우리는 하나님의 사랑을 받고 나서야 그 사랑을 알고 이웃을 사랑한다. 아가페 사랑의 본질은 호환적 평등이 아니라 내가 먼저 내어주는 것이다. 이런 사랑은 세상이 알지 못했다. 율법의 문자에 갇혀 율법 안에 담긴 하나님의 마음을 알지 못한 유대인들에게도 전혀 새로운 사랑이었다.

"서로 사랑하라"는 예수님의 계명에서 '서로'의 의미를 파악하는 것이 중요하다. 사랑의 주체인 내 앞에 존재하는 '너'는 나의 사랑을 요청한다. 예수님이 자기 앞에 오는 모든 사람들을 사랑하셨듯이, 우리도 우리 앞에 있는 사람들을 사랑하라는 뜻이다. 그렇다면 이 계명은 구태여 교회 안에서만 폐쇄적으로 적용되어서는 안 된다. 그리스도의 제자들이 존재하는 모든 현장에 적용되어야 한다. 일터에서 만나는 '너'는 내가 사랑할 '너'다.

사도 바울은 그리스도 안에서 유대인이나 헬라인이나 종이나 자유인이나 남자나 여자나 다 하나라고 선포했다(갈 3:28). 그리스도의 복음과 사랑은 이 세상 모든 사람들을 향한다. 아가페 사랑은 우리 앞에 세워져 있는 모든 장벽을 허문다. 그리스도를 뒤따르는 제자들은 자신이 존재하는 모든 곳에서 사랑하라는 부르심을 받았다. 사랑은 대상을 차별하지 않고 구별하려는 시도도 하지 않는다.

제자들은 교회에서뿐 아니라 그들의 일터에서도 함께 일하는 사람들과 고객들을 사랑함으로써 그리스도를 세상에 증언한다. 제자들은 직장에서도 예수님처럼 자신의 유익을 구하지 않고 타자의 유익을 위해 자신을 내어주는 삶을 살아갈 때 자신의 정체성에 적합한 삶을 살아간다.

> **사랑을 앞세우는 일터 제자**
> 제자들은 교회에서뿐 아니라 그들의 일터에서도 함께 일하는 사람들과 고객들을 사랑함으로써 그리스도를 세상에 증언한다.

하나의 예, 루터의 '의로운 가격'

이러한 가르침은 종교개혁자들이 강조했던 그리스도인들의 생활 영성 지침이었다. 루터는 물건 가격의 결정 기준은 이웃에 대한 사랑이어야 한다고 강조했다. 루터는 『상업과 이자에 대하여』라는 논문에서 상인들이 어떠한 자세로 이윤을 내야 하는지를 다음과 같이 설명했다.

> 그대가 진정한 그리스도인이라면 자기에게 유리하게 물건을 판매한다고 말하는 대신 다음과 같이 말한다. "나는 내가 해야 하는 대로(as I should do) 혹은 올바르고(right) 적절한(proper) 방식으로 물건을 판매한다." 그대의 판매행위는 마치 그대가 아무에게도 얽매이지 않고 신이나 된 듯 어떤 법과 한계를 초월해 자기의 힘과 의지에 따르는 일이 되어서는 안 된다. 오히려 그대의 상업 활동은 그대의 이웃에게 행하는 일이기 때문에 그대의 이웃에게 어떠한 해로움과 손해를 주지 않도록 법과 양심의 규제를 받아야 한다. 그대는 이웃에게 상처를 주면서 이윤을 내지 않도록 주의해야 한다.

세상 사람들은 최대한 자기에게 유리하게 물건을 판매하려 하지만, 그리스도인은 예수님이 가르쳐주신 대로 이웃을 위해 물건을 판매하라는 말이다. 상업 활동의 목적이 이윤을 내는 데에 있지 않고 이웃 사랑에 있다는 점을 루터는 강조한다. 따라서 모든 상거래는 항상 이웃을 의식하고 배려해야 하며, 상인은 탐욕적 이득이 아니라 품위 있는 생활(decent living)을 추구해야 한다.

루터는 상인이 물건에 의로운 가격(righteous price)을 매겨야 한다고 말했다. 의로운 가격은 폭리를 거부하고 판매자가 상업 활동을 지속적으로 할 수 있는 최소한의 비용만을 반영해야 한다. 루터의 의로운 가격은 토마스 아퀴나스가 『신학대전』 2-2, 질문 77에 대한 답변에서 그리스도인 상인들에게 요구한 정의로운 가격(just price) 개념과 비슷하다. 아퀴나스가 말한 정의로운 가격은 생산 원가와 생산자의 생계비, 가난한 이웃을 위한 구제비로만 이뤄진다. 아퀴나스는 이보다 더 많은 이윤을 남기는 상업 행위는 타인의 돈을 부당하게 취하는 도둑질과 같다고 단죄했다.

현재 백화점 등에서 적용하고 있는 가격 정찰제는 1861년 미국 필라델피아의 존 워너메이커를 비롯한 퀘이커 교도들이 소비자들에게 정직하고 합리적인 가격을 제시하기 위해 처음으로 도입한 것이었다. 당시 도소매점을 운영하는 상인들은 자기들 마음대로 가격을 정해 폭리를 취하기 일쑤였다. 퀘이커들이 도입한 정찰제는 소비자들을 보호하기 위해 가능한 최소한의 이윤을 남기는 정책으로 소비자들의 신뢰를 얻어 오늘에는 판매유통 업계의 윤리적 사업 관행으로 정착되었다.

물론 수백 년 전에 살았던 신학자들의 이론을 우리 시대에 그대로 적용하기는 현실적으로 쉽지 않다. 21세기 신자본주의 시대는 과거와는 상황이 많이 다르다고 하지만 이웃 사랑의 정신은 여전히 그리스도인들에게 주시는 예수님의 명령이다. 그러면 우리는 어떻게 일터에서 이웃에게 구체적이고 실제적으로 아가페 사랑을 실천할 수 있을까?

일터에서 사랑은 다양한 모습으로 표현된다

직장에서 그리스도인들은 어떻게 예수님이 보여주신 사랑을 실천할까? 사랑이라는 추상적 개념은 다양한 구체적 상황에서 서로 다른 모습으로 표현된다. 기독교의 아가페 사랑은 자기희생적 성격 때문에 종종 어떤 상황에서도 동일한 모습을 보여야 한다는 오해를 받는다. 직장에서 자기 신앙의 정체성을 드러내는 청년 그리스도인들은 종종 "직장 동료들이 신앙을 이유로 은근히 또는 노골적으로 힘든 일이나 잔업을 떠넘길 때는 신앙 때문에 참아야만 하는지 잘 모르겠다."고 하소연한다.

진실한 기독교인이라면 누구보다 앞장서 궂은일을 맡아서 해야 한다는 무언의 압력을 받기도 한다. 기독교 신앙을 기업의 정체성으로 삼는 경우, 직원들은 하나님을 위한다는 명목으로 적절한 대가도 받지 못하고 더 많은 일을 강요받기도 한다. 아가페 사랑을 올바르게 이해하지 못하면, 아가페 사랑이 자칫 오용의 도구로 활용될 수 있다. 아가페 사랑의 오용과 남용, 오해를 막고 성서가 말하는 사랑을 실천하기 위해서는 아가페 사랑에 대한 성서적 개념 정리가 필요하다.

신약성서에서 하나님의 사랑 혹은 예수님의 사랑은 명사는 *아가페*(άγάπη), 동사는 *아가파오*(άγαπάω)로 표현되어 있다. 십자가에서 드러난 자기희생적 사랑을 뜻하는 아가페는 신약성서가 기록될 당시 그리스 로마 문화권에서는 생소한 개념이었다. 황제-귀족-시민-노예로 철저히 분리된 계급 사회에서 타인을 위해 자신을 내어주는 일은 아랫사람이 윗사람에게 하는 의무였다. 노예가 주인에게 아무리 자신을 희생한다 해도 사랑으로 칭송되는 일은 없었다. 계급 혹은 지위에서 높은 위치에 있는 사람이 낮은 사람에게 자신을 희생하는 일은 미덕이 아니라 수치로 여겨졌다. 이런 문화 속에서 기독교의 아가페 사랑은 매우 독특한 개념이었다.

아가페 사랑은 일반적으로 하나님이 죄인에게 베푸시는 자비와 동의어로 인식된다. 안드레아스 니그렌은 기독교의 사랑은 그리스도가 십자가에서 보여준 무조건적이고 희생적인 사랑을 의미할 뿐 자기에게 조금이라도 유익이 돌아가는 에로스와 같은 사랑과는 구별되어야 한다고 주장했다. 그러나 아가페는 자비만 의미하지 않는다. 아가페는 다양한 현실 속에서 다양한 모습으로 표현된다. 특별히 일터에서는 자비의 사랑만 필요한 것이 아니다. 모든 사람이 자비를 요구하지도 않는다.

　라인홀드 니버는 사적 영역에서 그리스도인의 행위에는 아가페 사랑이 필요하지만 공적 영역에서는 정의를 필요로 한다고 주장한다. 니버에 따르면, 아가페 사랑은 정의와 다른 것이다. 이에 반해 니콜라스 월터스토프는 정의를 사랑의 한 실천 형태로 제시한다. 각 사람이 자신이 가진 가치에 걸맞은 대접을 받을 수 있도록 정의를 실현하는 것이 아가페 사랑의 한 가지 방식이라는 뜻이다. 위의 논쟁에서 보는 것처럼 아가페 사랑을 정의하는 일은 쉽지 않다.

　그러나 우리는 아가페 사랑의 원천인 하나님의 성품으로부터 사랑이 무엇인지를 먼저 발견해야 한다. 아가페 사랑이 구체적으로 실천되는 모습은 하나님이 이스라엘 역사 속에서 드러낸 하나님 자신의 계시에서 찾을 수 있다. 사랑의 하나님은 이스라엘 백성과 이방인들의 역사에서 정의와 공의, 자비의 하나님으로 자신을 계시하신다.

　구약성서에 계시된 정의와 공의의 하나님은 십자가에서 드러난 자비와 용서의 하나님과 다르지 않다. 하나님의 사랑 표현이 자기 백성들의 역사적 현실 경험에 따라 달랐을 뿐, 구약과 신약을 관통하는 하나님의 사랑은 동일하다.

　하나님이 우리의 일상적인 삶에서 요구하시는 사랑은 상황의 특성에 따라 다양하게 나타날 수 있다. 정의와 공의, 자비는 아가페 사랑의 다른 측면을 보여주지만 자기를 내어줌으로써 상대를 살게 하는 자기희생적 봉사라는 면에서는 동일한 본질을 가지고 있다. 그럼에도 불구하고 그리스도인들이 일터에서 실천하는 아가페 사랑은 가정과 교회와 다르게 나타나기도 한다.

가장 먼저 표현되어야 하는 사랑은 정의(justice)다

정의는 다양한 측면을 내포하고 있지만 일반적으로 어떤 사람이 응당 받아야 할 가치를 보장해주는 행위를 의미한다. 반대로 불의는 상대를 깎아내림으로 존중받아야 할 가치를 훼손하는 행위다. 정의는 불의로 훼손당한 가치를 원상회복한다. 모든 사람들은 인간으로서 보장받아야 하는 근본적 가치와 더불어 그 사람이 처한 고유한 환경과 능력에 따라 인정받는 가변적 가치를 가지고 있다. 이 가치는 자신이 다른 사람들에게 요구할 수 있는 권리다.

예를 들어 일터에서 사장은 사장으로서 대접받아야 할 권리가 있고, 부장은 부장으로서 대접받을 권리가 있다. 신입사원은 신입사원으로서의 가치를 부여받는다. 일터에서 그 사람의 가치는 대체로 그 사람의 지위와 능력에 비례한다. 지위가 높을수록 판단하고 결정하고 시행해야 할 권리가 많아짐과 동시에 책임도 많아진다. 능력이 더 많은 사람은 다른 사람들에게 더 많은 영향을 끼친다. 지위가 높고 능력이 많은 사람들에게 책임에 따른 위험 부담의 대가와 고마움의 표시로 더 많은 대접을 해주는 것이 정의로운 태도다. 정의는 조직의 질서와 평화를 보장하는 역할을 한다. 정의가 지켜지지 않으면 조직의 질서와 평화에 금이 간다.

  일터에서 정의가 잘 지켜지기 위해서는 힘을 가지고 있는 사람이 자신의 힘을 아래 사람에게 마음대로 사용하지 않고 절제해야 한다. 힘을 가진 사람이 정의를 지키면 힘없는 사람들이 자신의 가치를 보장받게 된다. 우리 사회에 만연한 '갑질'은 힘 있는 사람이 힘없는 사람에게 자신의 힘을 무절제하게 사용함으로써 발생한 전형적인 불의다. 한 직장에서 동일한 수준의 일을 동일한 시간 동안 하고 동일한 결과를 얻어도 비정규직 직원이라는 이유로 정규직 직원보다 낮은 임금을 받는다면, 이는 비정규직 직원이 인간으로서 보장받아야 할 근본적인 가치가 훼손당하는 행위다. 정의로운 사람은 정당한 사유 없이 다른 사람을 차등대우 하지 않는다.

  정의의 하나님은 정의로운 대접을 받지 못하는 사회적 약자들에게 불의를 행하는 자들에 대한 심판을 경고하심으로써 약자들에 대한 사랑을 드러내셨다. 불의한 사람들은 약자들의 고유한 가치를 빼앗아 자신의 욕심을 채우려 한다. 하나님이 약자 편에 서는 이유는 정의를 회복하시려는 사랑 때문이다.

"가난한 자를 삼키며 땅의 힘없는 자를 망하게 하려는 자들아 이 말을 들으라 너희가 이르기를 월삭이 언제 지나서 우리가 곡식을 팔며 안식일이 언제 지나서 우리가 밀을 내게 할꼬 에

바를 작게 하고 세겔을 크게 하여 거짓 저울로 속이며 은으로 힘없는 자를 사며 신 한 켤레로 가난한 자를 사며 찌꺼기 밀을 팔자 하는도다 여호와께서 야곱의 영광을 두고 맹세하시되 내가 그들의 모든 행위를 절대로 잊지 아니하리라 하셨나니 이로 말미암아 땅이 떨지 않겠으며 그 가운데 모든 주민이 애통하지 않겠느냐 온 땅이 강의 넘침 같이 솟아오르며 애굽 강 같이 뛰놀다가 낮아지리라"

아모스 8장 4~8절

    그리스도의 제자들은 일터에서 정의를 실현함으로써 자기보다 낮은 위치에 있는 사람을 사랑해야 한다. 제자들은 사람들을 공정하게 대우해야 한다. 그 사람이 가지고 있는 정당한 가치와 권리를 향유할 수 있도록 보장해주어야 한다. 그 사람이 가지고 있는 정당한 가치와 권리를 초과하여 배려하는 것도 다른 사람들에게 상대적 불이익을 주는 불공정한 행위다. 특정인을 지나치게 사랑하는 행위도 정의를 해친다.

    정의는 불의를 용납하지 않는다. 그리스도의 제자들은 일터에서 일어나는 불의에 침묵하지 말고 저항함으로써 정의를 회복해야 한다. 불의에 대한 저항은 불이익을 감수하고 약자를 보호하려는 사랑의 행위다. 예수님은 불의를 보고 못 본 척 넘어간 적이 없다. 예수님은 예루살렘 성전이 장사꾼들의 소굴이 되어 이방인들의 기도처가 사라지고 하나님이 모욕당하는 현장을 묵인하지 않고 뒤집어엎는 소동을 일으켰다. 이 사건은 성전에서 기도해야 하는 사람들과 하나님을 향한 사랑의 표현이었다.

직장에서 불의가 직간접적으로 이루어질 때, 그 피해는 지위가 낮은 사람이나 정직하게 비용을 지불하는 소비자들 혹은 납세자들에게 돌아간다. 그리스도인들은 불의를 용납하지 않고 저항함으로써 눈에 보이지 않는 약자들의 가치와 권리를 보호하는 데 앞장설 때 정의로운 사랑을 실천한다. 예를 들어 음식이나 의약품을 만드는 회사에서 일하는 사람들이 공인된 절차에 따라 가장 안전한 제품을 생산 판매하는 행위는 상품 제작 과정을 정확하게 알 도리가 없는 '정보 약자'인 소비자들에 대한 정의로운 사랑이다.

> **정의 위에 서는 일터 제자**
> 그리스도인들은 불의를 용납하지 않고 저항함으로써 눈에 보이지 않는 약자들의 가치와 권리를 보호하는 데 앞장설 때 정의로운 사랑을 실천한다.

제자들은 정직하게 일함으로써 정의를 지킨다. 정직은 시민 사회가 인정하고 수용할 수 있는 보편적 윤리 규범을 지키며 일하는 태도다. 정직한 사람은 공정한 룰을 지킴으로써 다른 사람들에게 예측 가능한 결과를 제시할 수 있다. 정직한 사람은 직장의 다른 사람들에게 의심을 주지 않기 때문에 서로의 신뢰 속에서 긴장감을 줄여준다. 그러나 정직하지 못한 사람들은 직장 스트레스를 높인다. 그리스도인들은 자기 일과 관련된 사람들에게 거짓 정보를 제공하거나 왜곡해서 손해를 입게 해서는 안 된다.

우리는 일터에서 정의가 지켜지지 않아 대규모 인명 사고를 낳는 경우를 숱하게 목격했다. 304명의 목숨을 순식간에 앗아간 세월호 참사는 무수히 많고 작은 불의가 빚어낸 거대한 불의였다. 무리한 구조변경과 상습적인 정원초과, 감독기관의 감독 소홀, 기초적인 교육 부재, 선원들의 비윤리적 탈출, 무리한 출항 등 일일이 열거할 수도 없는 불의한 일들이 합작해 결코 있어서는 안 될 참사를 발생시켰다. 성수대교 붕괴(1994년, 32명 사망), 삼풍백화점 붕괴(1995년, 508명 사망 실종), 대구지하철 화재 참사(2003년, 192명 사망) 등과 같은 대형 참사들은 대한민국의 일터에서 정의가 얼마나 심각하게 훼손되고 있는지를 반증한다.

한국에서 직장을 다니는 그리스도의 제자들은 자신이 하는 일에 많은 사람들의 생명이 걸려있다는 사실을 반드시 기억해야 한다. 제자들은 민간 부문이든지 공공 부문이든지 자기가 맡은 분야에서 무엇이 불의이고 정의인지를 분별해야 한다. 제자들은 불의와 싸우고 정의를 실천함으로써 이웃의 생명에 유익이 되도록 최대한 노력해야 한다. 이것이 "서로 사랑하라"는 예수님의 새 계명에 따라 이웃을 사랑하는 것이며 일터에서 몸으로 하나님께 드리는 예배다.

일터에서 사랑은 공의(righteousness)로 나타나야 한다

공의는 하나님의 사랑 방법들 가운데 낯설게 느껴지는 사랑이다. 공의는 옳고 그름을 구별하는 법정적 개념을 훨씬 뛰어넘어 상대가 옳은 길을 걸어갈 수 있도록 도와주는 사랑이다. 하나님은 자신의 약속에 신실하신 분이다. 하나님은 신실할 뿐 아니라 자기 백성들이 신실하게 약속을 지키도록 도와주신다. 하나님은 우리를 끝까지 떠나지 않는다고 약속하신다. 우리가 길을 잘못 들어도 당장 정의를 외치며 벌을 주기 보다는 벌을 유예하면서까지 하나님과 맺은 약속을 지키도록 도와주신다. 이것이 하나님의 공의로운 사랑이다.

루터가 로마서에서 발견한 '복음 안에 있는 하나님의 의(롬 1:17)'는 우리의 죄를 벌하시는 정의가 아니라 우리를 향한 하나님의 공의로운 사랑이었다. 하나님은 백성들과 맺은 언약을 지킬 뿐만 아니라 백성들도 언약을 지키도록 도와주기 위해 자기 아들을 희생시키는 신실하심을 보여주셨다. 언약에 신실하신 하나님은 친구처럼 우리와 항상 함께 하신다.

예수님이 부활하신 뒤에 디베랴 호수가에서 베드로와 만나 나눈 대화는 전형적으로 하나님의 공의로 표현되는 사랑 고백이다. 예수님은 베드로와의 대화에서 "네가 나를 사랑하느냐"고 세 번 묻고 답하실 때 *아가파오*(ἀγαπάω)와 *필레오*(φιλέω)를 섞어서 사용하셨다 (요 21:15~17). 필레오는 친구들 사이에 우정을 나누는 사랑으로 많이 사용된다. 진정한 친구는 상대가 자신을 실망시켜도 쉽게 관계를 중단하고 떠나지 않는다. 오히려 상대를 용서하며 지속적인 관계를 유지하려 한다. 연인은 애정이 식으면 떠나지만, 친구는 항상 옆에 있어준다.

부활하신 예수님은 자신을 세 번이나 부인한 '배신자' 베드로를 떠나지 않고 다시 찾아와 자기 양을 그에게 맡겼다. 베드로가 실패를 극복하고 그리스도의 제자로 살아갈 수 있는 기회를 주셨다. 예수님은 자신을 떠난 다른 제자들에게도 제자로서 살아갈 능력을 주시는 성령을 부어주었다.

공의는 단순히 옆에 있어주는 사랑이 아니라 실패를 극복할 수 있는 능력을 부여해주는 사랑이다. 하나님은 바벨론 포로로 끌려간 이스라엘 백성들의 귀환을 약속하면서 동시에 그들에게 영을 부어주어 율법을 지키게 하겠다고 말씀하셨다. 공의로운 하나님은 백성들의 능력을 키워 그들에게 맡기신 사명을 감당하도록 도와주신다.

> "내가 너희를 여러 나라 가운데에서 인도하여 내고 여러 민족 가운데에서 모아 데리고 고국 땅에 들어가서…또 새 영을 너희 속에 두고 새 마음을 너희에게 주되 너희 육신에서 굳은 마음을 제거하고 부드러운 마음을 줄 것이며 또 내 영을 너희 속에 두어 너희로 내 율례를 행하게 하리니 너희가 내 규례를 지켜 행할지라 내가 너희 조상들에게 준 땅에서 너희가 거주하

면서 내 백성이 되고 나는 너희 하나님이 되리라"

에스겔 36장 24,26~28절

그리스도의 제자들은 일터에서 공의로운 하나님을 따라 사랑을 실천하도록 보냄 받았다는 사실을 기억해야 한다. 제자들은 직장에서 함께 일하는 사람들을 그 사람의 지위와 능력에 앞서 하나님의 마음으로 바라보아야 한다. 그들이 자신을 실망시키거나 명백한 잘못을 했을 때, 그들을 정의의 이름으로 정죄하고 처벌하기 전에 자신의 잘못을 인정하고 회복할 수 있도록 세밀하게 배려해야 한다.

공의는 정의를 간과하지 않지만 정의를 실천할 수 있도록 시간을 벌어주고 기회를 주는 사랑이다. 제자들은 당장의 결과물보다 사람에 대한 관심을 더 많이 가져야 한다. 회사 직원들은 사장이 믿어주고 기다리고 격려할 때 충성을 다 하며 자신을 새롭게 하려는 의지를 갖게 마련이다. 이런 리더십은 팀원들이 서로를 경쟁자가 아니라 조력자로 인식하게 해준다.

공의로운 사랑은 팀원들이 자신의 능력을 충분히 발휘하도록 도와준다. 훌륭한 리더는 팀원들의 잠재적 능력을 끌어내 계발하도록 이끌어준다. 예수님이 제자 70명을 불러 둘씩 짝지어 전도여행을 보낼 때, 그들은 그저 평범한 사람들이었다. 그러나 예수님이 그들을 불러 능력을 주자, 그들은 담대하게 복음을 전하고 병을 고치고 귀신을 쫓아내는 놀라운 사역을 해냈다.

그리스도의 제자들도 예수님처럼 자신의 리더십 아래 있는 사람들이 최대한 능력을 발휘하고 좋은 결과를 얻을 수 있도록 적절한 환경을 마련해주고 기회를 주고 지도해야 한다. 제자들은 자신의 도움을 받아 성장하는 팀원들을 통해서 자신도 성장하고 하나님을 기쁘시게 한다는 사실을 기억해야 한다. 제자들은 동료들의 성취를 시기하지 않고 함께 기뻐한다.

나는 2015년 10월 제주도에서 열렸던 일터신학 컨퍼런스에서 만난 홍콩 사업가 지미 팩이 소개한 자신의 사례를 잊을 수 없다. 홍콩의 교회에서 장로로 섬기고 있는 지미는 기업컨설팅 회사를 운영하고 있다. 그는 세탁소에서 일하던 40대 중반의 여인 사라를 자신의 회사에 고용했다. 사라는 컨설팅 업무에 필요한 기본적인 지식도 없고 컴퓨터 사용법도 몰랐지만, 사람들의 이야기를 들어주고 격려해주는 능력이 탁월했다. 지미는 회사 직원들의 높은 이직률 때문에 고민하던 차에 사라를 발견하고 세탁소보다 훨씬 높은 연봉에 채용했다.

사라가 들어오자 기존 직원들로부터 업무 진행이 불편하고 비효율적이고 비이성적인 정실인사라는 비판이 쏟아졌다. 그러나 지미는 상대를 배려하고 경청하고 위로하는 사라의 성품이 회사에 큰 도움이 될 것이라 믿고 여섯 달 동안 업무 부담을 전혀 주지 않은 채 자유롭게 다른 직원들을 만나고 컴퓨터와 업무를 배울 수 있도록 보장해주었다. 사라는 빠른 속도로 사람들과 친해지고 업무에 익숙해졌다.

지미의 예측은 적중했다. 사라가 들어온 뒤 일 년 만에 이직률이 거의 제로 수준으로 떨어졌다. 회사 내 인간관계 문제나 가정사로 힘들어하는 직원들은 예외 없이 사라를 찾아와 고충을 털어놓았다. 사라는 엄마와 같은 마음으로 그들의 이야기를 들어주며 함께 고민했고, 직원들은 회사를 떠나는 대신 위로와 격려를 받고 문제 해결을 시도했다. 이제 사라는 직원들 사이에 없어서는 안 되는 조직의 중심인물로 떠올랐다. 지미는 "하나님이 사라에게 주신 좋은 성품이 회사에서 충분히 발휘되려면 시간이 필요하고 우리는 기다려주어야 했다"고 말했다. 사라의 채용으로 사라의 생활고가 해결된 것은 물론이고 회사 분위기가 좋아져 직원들의 잦은 이직에 따른 회사 손실도 획기적으로 줄어들었다. 동료 직원들의 잠재 능력을 발굴하고 키워주는 것이 그리스도인들이 직장에서 실천해야 할 공의의 사랑이다.

일터에서도 자비(mercy)의 사랑은 중요하다

아가페 사랑은 자비를 통해서 하나님의 사랑을 가장 뚜렷하게 드러낸다. 정의와 공의로 표현되는 사랑과 달리 자비의 사랑은 모든 사람이 인간으로서 보편적으로 가지고 있는 가장 근본적인 가치와 권리를 누리도록 배려하는 것이다. 모든 사람은 하나님의 사랑을 받고 그리스도의 십자가 피를 받을 권리를 가지고 있다. 모든 사람은 하나님으로부터 생명을 받아 이 땅에 왔기에 생명을 보장받고 보호받아야 한다.

인간은 국가, 인종, 언어, 종교, 경제, 문화에 상관없이 모두 하나님의 피조물이다. 모든 사람은 하나님 앞에서 평등하며 인간답게 살아야 할 권리를 가지고 있다. 모든 사람은 한 인간으로서 침해당할 수 없는 고유한 가치를 가지고 있다. 그러므로 모든 사람들은 차별 없이 자신들의 삶을 보장받아야 한다.

사람들은 자신의 힘과 능력으로 일해서 자기 자신과 가족의 생존을 추구할 권리와 책임이 있다. 그럼에도 불구하고 어떤 사람들은 연약하게 타고난 체질과 건강, 불우한 가정환경, 뜻하지 않은 사고와 질병, 돌발적인 전쟁 등 자신의 의지와 상관없는 각가지 이유로 생존을 위협받는다. 그들은 자기 능력만으로는 생존을 위한 수단을 충분히 확보하지 못한다.

자비의 사랑은 이들에게 생존을 위한 최소한의 권리 이상을 보장해준다. 가난한 이들에게 무상으로 먹을 것과 입을 것과 잘 곳을 제공하는 행위는 자비로운 사랑의 실천이다. 구약의 율법에는 가난한 사람들의 생계유지를 위해 이웃들이 넉넉한 사랑을 베풀어야 한다는 조항들이 많다.

"너희가 너희의 땅에서 곡식을 거둘 때에 너는 밭모퉁이까지 다 거두지 말고 네 떨어진 이삭도 줍지 말며 네 포도원의 열매를

다 따지 말며 네 포도원에 떨어진 열매도 줍지 말고 가난한 사람과 거류민을 위하여 버려두라 나는 너희의 하나님 여호와이니라"

레위기 19장 9~10절

"네가 밭에서 곡식을 벨 때에 그 한 뭇을 밭에 잊어버렸거든 다시 가서 가져오지 말고 나그네와 고아와 과부를 위하여 남겨두라 그리하면 네 하나님 여호와께서 네 손으로 하는 모든 일에 복을 내리시리라 네가 네 감람나무를 떤 후에 그 가지를 다시 살피지 말고 그 남은 것은 객과 고아와 과부를 위하여 남겨두며 네가 네 포도원의 포도를 딴 후에 그 남은 것을 다시 따지 말고 객과 고아와 과부를 위하여 남겨두라"

신명기 24장 19~21절

이 율법들은 고대 이스라엘 사회에서 농사지을 땅이 없어 추수철에도 굶주릴 위기에 처한 가난한 이웃들이 이삭줍기라는 '정당한 노동'을 통해 스스로 식량을 구할 수 있도록 제도화했다. 이스라엘 사회에 외세의 침입 등과 같은 위기 상황에서 가장 먼저 생존에 위협을 받던 가난한 사람들은 이웃들이 넉넉하게 베풀어주는 사랑으로 위기를 넘길 수 있었다.

인본주의적으로 사고하는 많은 현대인들은 어려운 사람들에게 자선(philanthropy)을 베푸는 행위를 개인의 윤리적 선택이라고 생각한다. 그러나 성서에서 자비(mercy)는 하나님의 백성들에게 선택이 아닌 의무다. 특히 신명기법전(신명기 12-26장)에는 고아, 과부, 나그네, 레위인 등으로 대변되는 생존 취약계층 사람들을 보호하는 법규들이 촘촘히 배치돼 있다. 하나님은 이렇게 명령하셨다. "너는 반드시 네 땅 안에 네 형제 중 곤란한 자와 궁핍한 자에게 네 손을 펼지니라"(신 15:11).

이 명령에 따라 이스라엘 백성들은 열심히 농사지어 추수한 열매에서 십일조를 떼어 성전에 바쳐야 했다. 중앙 성전과 지방 성소들은 하나님이 지정하신 곳이다. 백성들은 하나님이 정하신 성전에 첫 수확을 바침으로써 마을의 가난한 사람들이 굶주리지 않도록 돌봐야 했다. 십일조는 선택 사항이 아니라 하나님이 명령하신 의무였다. 어떤 마을 사람이 굶주려 죽었다는 것은 그 마을 사람들이 하나님 앞에서 사랑의 의무를 하지 않았다는 뜻이었다. 가난하고 어려운 이웃에게 자비를 베푸는 선행은 하나님 말씀에 대한 순종이다.

그리스도의 제자들은 일터에서 자기 주변에 도움을 필요로 하는 사람이 있는지 면밀히 살펴야 한다. 또한 우리가 일해서 버는 돈은 자신과 자기 가족만을 위한 것이 아니라 주변의 가난하고 어려운 사람

> **자비는 선택아닌 의무**
> 인본주의적으로 사고하는 많은 현대인들은 어려운 사람들에게 자선(philanthropy)을 베푸는 행위를 개인의 윤리적 선택이라고 생각한다. 그러나 하나님의 백성들에게 성서의 자비(mercy)는 선택이 아닌 의무다.

들을 돌보기 위해서라는 사실을 잊지 않아야 한다.

한국전쟁 직후 가난했던 1956년 고(故) 임길순 씨가 대전 역 앞 작은 찐빵 가게로 시작한 성심당은 사업을 통해 자비를 실천하는 대표적인 회사다. 한국전쟁 직후에 미군 지원 밀가루로 찐빵을 팔기 시작한 성심당은 사업 첫날부터 그날 만든 찐빵 3분의1은 배고픈 이웃들에게 무상으로 나눠주기 위해 일부러 팔지 않고 남겨놓았다. 빵을 살 만한 돈이 없는 가난한 이웃들이 수두룩했던 시기였다.[7]

가난한 부부가 시작한 성심당은 품질에서 아무런 차이가 없는 같은 빵으로 정당한 가격을 받고 팔아서 이윤을 남기는 영업과 가난한 이웃들을 먹이는 자선활동을 동시에 했다. 하나님은 처음에는 보잘 것 없던 찐빵 가게 성심당을 발전시켜 오늘날 대전의 대표적인 명물 빵집으로 성장하게 하셨다. 창업주의 큰 아들 임영진씨가 경영을 이어온 성심당은 60년이 넘도록 지금까지 나눔 정신을 모토로 하는 경제 원리를 고수하고 있다. 우리가 가난하고 연약한 자에게 자비를 베푸는 것은 하나님께 돈을 꾸어드리는 것과 마찬가지다. 하나님은 우리의 선행을 반드시 갚으신다(잠 19:17).

탁월하게 그리고 창의적으로 사랑하라

일터는 그 어떤 곳보다 제자들이 성령과 함께 살아야 하는 곳이다.

성령은 제자들이 복잡한 일터 현실에서 그리스도의 사랑으로 살아갈 지혜와 능력을 주신다. 성령은 우리가 처한 상황에서 어떻게 사랑을 실천해야 하는지 분별케 하신다. 사랑의 열매를 맺게 하시는 성령은 그리스도의 제자들이 일터에서 사랑을 구체적으로 실천할 수 있도록 지혜와 능력을 주신다.

성령은 우리에게 탁월한 능력을 덧입혀 주신다. 하나님은 우리를 사랑하시되 세상에서 찾아볼 수 없는 탁월한 방식으로 사랑하신다. 예수님은 제자들에게 자신의 떠남을 예고하면서 "나를 믿는 자는 내가 하는 일을 그도 할 것이요 보다 큰 일도" 할 것이라고 말씀하셨다(요 14:12). 이 말씀은 우리 모두 예수님처럼 기적을 행할 것이라는 뜻이 아니다. 제자들이 선한 일을 행하도록 도우셔서 세상 사람들이 예수님을 바라보게 도우신다는 약속이다. 전 세계 제자들은 지금 예수님이 하셨던 놀라운 일들보다 훨씬 더 놀랍고 큰일을 해냈고 앞으로도 할 것이다. 이 약속은 성령 강림으로 성취되었다. 제자들은 예수님이 몸소 보여주신 것처럼 이웃들에게 놀라운 사랑을 실천했다.

성령의 가장 크고 좋은 은사는 사랑의 은사다. 성령은 우리가 이웃들을 탁월하게 사랑함으로써 하나님의 이름을 영광스럽게 하는 사역을 하신다. 성령은 예수님이 주신 "서로 사랑하라"는 새 계명을 실천하기 원하는 제자들에게 자기 한계를 뛰어넘어 교회와 세상을 위해 봉사할 수 있도록 능력을 주신다(엡 4:12). 하나님의 사랑은 항상 우리에게 주실 수 있는 최고의 선물을 준다.

다니엘과 세 친구들은 바벨론 궁전에 끌려가 바벨론 토착화 교육을 받을 때 왕이 공급하는 음식 먹기를 거부했다. 그들은 우상에게 바쳐졌던 음식들을 피하기 위해 고기와 기름진 음식을 피하고 물과 채소만 먹고 버티었다. 바벨론 사람들의 기대와 달리 다니엘과 세 친구들은 얼굴이 빛났을 뿐만 아니라 학식에도 타의 추종을 불허할 정도로 뛰어났다. 하나님이 그들에게 학문을 주시고 모든 서적을 깨닫게 하는 지혜를 주셨다. 다니엘은 특별히 환상과 꿈을 해석하는 능력을 하나님으로부터 받았다. 그들은 왕이 묻는 모든 일에서 그 나라 박사들보다 열 배나 더 뛰어나게 지혜롭고 총명했다(단 1:17~20). 그들의 지혜와 능력은 하나님의 영이 주신 선물이었다. 그들은 이 선물로 하나님의 이름을 이방 땅에 드러내기 위해 최고의 지혜와 능력을 발휘했다.

하나님의 영은 출애굽 이스라엘 백성들 가운데 브살렐과 오홀리압에게 탁월한 능력과 지혜를 부어주셔서 광야에서 뛰어나게 아름다운 성막을 지을 수 있도록 하셨다. 성서는 브살렐이 하나님의 영으로 충만하여 지혜와 총명과 지식으로 성막과 봉사도구들을 만드는 일을 할 수 있었다고 기록한다. 이들이 만든 성막은 이동식 장막으로 미래의 솔로몬 성전과 기본 구조가 같다. 당시 근동지역 성전들과 구조가 비슷했다. 그러나 하나님은 애굽 노예 출신들인 브살렐과 오홀리압에게 하나님의 영을 부어주어 그들이 만드는 성막이 척박하기 짝이 없는 환경인 광야에서도 하나님의 이름으로 불리기에 합당할 정도로 아름답게 만들게 하셨다(출 35:30~35).

그리스도의 제자들은 직장에서 적당히 일하는 방식으로는 이웃에 대한 사랑을 실천할 수 없다. 제자들은 자신들이 하는 일을 통해서 하나님의 이름을 영광스럽게 하고자 하는 마음을 가진다. 따라서 제자들은 자기 능력의 한계 안에 머물기 보다는 성령의 은사를 구하며 직장 동료들과 소비자들을 탁월하게 섬기기를 원하게 된다. 이 탁월함은 다른 사람들과 비교해서 항상 절대적 우위를 점해야 한다는 강박적 우월함이 아니다. 제자들이 추구해야 할 탁월함은 자발적으로 이웃에게 가장 최선의 것을 주고 싶어 하는 사랑의 마음으로 일하는 태도다.

성령은 무에서 유를 창조한 하나님의 영이다. 태초에 땅이 공허하고 혼돈하며 어둠이 깊음 위에 있을 때, 성령은 땅을 감싸고 그 위를 운행하고 있었다(창 1:2). 성령은 하나님께서 주님이 다시 와서 창조를 완성하실 때까지 땅을 떠나지 않고 함께 하신다. 창조는 하나님의 최고의 사랑 행위다.

하나님의 사랑은 과거를 되풀이하기 보다는 새로움을 창조한다. 하나님의 사랑은 죄인마저 새피조물로 재창조하신다(고후 5:17). 하나님은 성령으로 새로워진 사람들을 통해 그들이 살고 있는 세상을 새롭게 하신다. 일터에서도 그리스도의 제자들은 성령과 함께 창의적으로 일함으로써 일터에서 사랑을 실천한다.

이웃에 대한 사랑을 실천하는 제자들에게 요구되는 것은 혁신을 추구하는 창의적인 태도다. 창조의 영이신 성령은 제자들을 통해 세상에 새로운 기술과 영역을 발굴하기를 원하신다. 사랑은 주어진 현실에 안주하기 보다는 창조의 기쁨을 함께 나누고 싶어 하는 마음이다. 사도 바울은 다른 사도들과 경쟁하며 선교활동을 펼치지 않았다. 그는 남들이 복음을 전한 곳에 자신의 이름을 얹어 편하게 선교활동을 하려 하지 않았다. 그는 다른 사도들을 뒤따라 다니며 전도하기 보다는 복음이 전해지지 않은 미전도 지역으로 가기를 원했다.

그리스도의 제자들은 제한된 자원과 기회 안에서 살아남기 위해 경쟁하는 것보다 새로운 영역에 도전하기를 좋아한다. 성령 충만한 제자들은 다른 사람들이 차지하고 있는 자리를 **빼앗으려** 하기 보다는 새로운 것을 개척해서 다른 사람들에게 기회를 넓혀주는 역할에 훨씬 더 적합한 사람들이다. 넓고 안전한 길이 아니라 좁고 위험한 길을 따라간다(마 7:13~14). 그들은 다른 사람들이 만들어놓은 밥상에 자기 수저를 얹는 쉬운 일에 결코 만족하지 않는다. 제자들은 사람들이 상상하지 못한 새로운 일거리를 만들어 많은 사람들이 일할 수 있는 기회를 제공하려고 노력한다.

반대로 자신의 유익을 위해 살아가는 사람들은 새로운 일터를 개척하는 일에는 적극적이지 않다. 요즘 공무원 공기업 등과 같은 안정적인 직장을 구하는 사람들이 갈수록 늘어나는 현상은 생존에 대한 두려움이 크기 때문이다. 이러한 시대에 제자들은 생존에 대한 두려움을 하나님께 맡기고 남들이 가지 않은 새로운 길을 모색함으로써 이웃들에게 보다 적극적으로 사랑을 실천해야 한다. 창조적 도전은 실패의 위험을 스스로 감수하는 사랑의 행위다.

카이스트 배상민 교수는 탁월하고 창의적인 사랑을 실천하는 디자이너다.[8] 배 교수는 스물일곱의 나이에 뉴욕의 유명한 파슨스 디자인 스쿨의 교수가 되었을 정도로 탁월한 사람이다. 그의 디자인은 진부함을 용납하지 않는다. 늘 새롭고 발상의 전환을 요구한다. 그는 전 세계에서 주요 디자인상을 하나도 빠짐없이 받을 정도로 유능했지만 과감히 뉴욕을 떠나 한국의 카이스트 교수로 돌아와 방학 때마다 학생들과 함께 아프리카로 봉사활동을 떠난다.

그는 창의적인 디자인으로 위험한 위생시설을 획기적으로 개선시키는 등 가난한 국내외 이웃들에게 사랑을 실천하고 있다. 배 교수가 추진하는 나눔 프로젝트는 자신이 가지고 있는 것들의 일부를 나눠주는 자선 행위에 그치지 않고 세상에 없는 새로운 것들을 만들어서 가난한 이웃들의 환경을 실제적으로 향상시키는 고도의 창조적 활동이다. 그는 한 매체와의 인터뷰에서 "디자이너는 그림을 잘 그리는 사람이 아니라 문제를 창의적으로 해결하는 사람"이라고 정의했다.[9] 그는 창의적 아이디어로 자신의 재능을 가난한 이웃과 함께 나누는 사랑을 실천한다.

룻과 보아스, 사랑의 노동으로 하나님의 구원 역사에 동참하다

이스라엘은 가나안 정착에 성공했으나 지도자 여호수아 사망 이후 혼란한 역사 속으로 들어갔다. 모세로부터 물려받은 영적 지도자의 공백은 가나안 땅을 기업으로 받은 이스라엘이 뿌리를 내리고 자립하기에는 영향력이 너무 컸다. 하나님의 말씀이 들리지 않아 각기 소견에 옳은 대로 살아오던 사사시대 중간쯤 (기드온 사사 시기쯤) 유다 지파의 땅 베들레헴에 기근이 덮쳤다. 고대 시대에 기근은 신의 진노의 표현이었다.

나오미는 남편 엘리멜렉을 따라 두 아들 말론과 기룐을 데리고 베들레헴에서 동남쪽으로 떨어진 이방 땅 모압으로 먹거리를 찾아 떠났다. 그들은 왜 하필이면 애굽도 아니고 모압으로 갔을까? 모압은 출애굽 이스라엘 백성들에게 철천지원수와 같은 백성들의 땅이다. 모압 왕 발락은 예언자 발람을 고용해 이스라엘에게 저주를 퍼부으려던 계획이 실패로 돌아가자 발람의 제안에 따라 일명 '고스비 사건'을 일으켰다. 모압 여인들을 이스라엘 진중으로 몰래 보내 이스라엘 남자들과 간음하게 하는 대대적인 성스캔들을 일으킨 것이다. 하나님께서 진노하셨고, 이스라엘 백성 2만3천명이 몰살당했다. 이 사건으로 하나님은 모압 백성들을 영원히 이스라엘 회중에 들지 못하도록 격리시켜버렸다.

그런데 나오미 가족은 그 모압 땅에 가서 목숨을 부지하려 했다. 처음에는 오래 머물 생각이 없었지만 10년을 모압에 머물렀다. 이 사이에 비극이 잇따라 일어났다. 남편 엘리멜렉이 죽고, 두 아들 말론과 기룐은 모압 여인 룻과 오르바를 아내로 맞이했지만 자녀 없이 죽었다. 이제 나오미와 두 며느리만 남았다. 나오미는 자신의 비극이 베들레헴을 떠나 모압으로 갔던 자신에 대한 하나님의 징벌이라고 이해했다(룻 1:21).

나오미에게 고향 땅 베들레헴에 풍년이 들었다는 반가운 소식이 들렸다. 나오미는 두 며느리를 모압으로 돌려보내고 혼자 돌아올 생각이었다. 그러나 모압 여인 룻이 시어머니의 백성과 하나님을 자신의 백성과 하나님으로 영접한다고 고백하고(룻 1:16) 시어머니를 따라 베들레헴으로 왔다.

베들레헴에서 그들은 먹을 것이 없었다. 동네사람 누구도 알지 못한 룻은 배고픔을 면하기 위해 무조건 나갔다. 때마침 추수철이었다. 이스라엘에는 추수할 때 밭의 모퉁이와 바닥에 떨어진 이삭, 묶어놓고 잊어버린 이삭다발, 따고 남은 과일 등은 나그네, 과부, 고아와 같은 가난한 자들을 위해 놓아두라는 율법이 시행되고 있었다(레:19:9-10; 신 24:19-22). 룻은 우연히 시아버지의 친족인 보아스의 보리밭에 들어가 이삭을 줍게 되었다. 룻은 시어머니를 먹이기 위해 이른 아침부터 열심히 이삭줍기를 했다.

이를 지켜보던 보아스는 룻에게 감동받아 룻에게 자신의 밭에서 계속 이삭을 줍도록 허락하고 일꾼들에게 일부러 이삭을 떨어뜨려 더 많이 주워가게 했다. 유다 사람 보아스는 룻이 비록 모압 출신 여인이지만 하나님 여호와의 보호를 받으러 온 이상 그녀를 넉넉하게 도와주고 대접했다. 룻은 저녁까지 열심히 주워 한 에바(약 22리터)를 수확해서 시어머니에게 드려 배불리 먹게 했다. 그리고 보아스는 이스라엘의 계대결혼 율법(신명기 25:5-10)에 따라 룻과 결혼해 죽은 형제의 가문을 이어갔다. 하나님은 룻과 보아스의 결혼을 통해 다윗 왕의 할아버지인 오벳을 낳고, 장차 예수 그리스도가 세상에 오시는 길을 예비하셨다.

보리밭에서 일어난 훈훈한 룻과 보아스의 이야기는 간단한 스토리를 가지고 있지만 매우 깊은 신학적 의미를 가지고 있다. 보아스는 가난한 이웃들을 위한 이삭줍기 규정을 지켰을 뿐만 아니라 율법 규정을 훨씬 초과해 이방 여인 룻이 경제적으로 무력한 시어머니와 함께 배불리 먹을 수 있도록 자비를 베풀었다. 보아스는 하나님의 보호를 받기 위해 유다 땅으로 들어온 이방 여인에게 하나님을 대신해 호의를 베풀었다.

이스라엘 백성들이 일하는 목적은 노동하는 사람들의 생존만이 아니라 주변의 가난한 형제들의 생존까지 돌보는 것이었다. 보아스는 자신의 일꾼들과 함께 가꾼 보리밭과 밀밭에서 가난한 룻과 나오미의 생존을 책임졌다.

하나님이 모세에게 주신 율법을 통해 꿈꾸신 하나님 나라는 이스라엘 백성들이 다 함께 생명의 번성을 누리는 사랑의 공동체다. 보아스는 혼란스러웠던 사사 시대에 하나님 말씀을 신실하게 지킴으로써 이방 여인 룻을 통한 하나님의 구원 역사에 동참하는 영광을 받았다.

룻은 오늘날 표현으로 하면 추수철에 떨어진 이삭을 주워 먹고 사는 일용직 노동자다. 만약 보아스가 이런 가난하고 힘없는 룻에게 사랑을 베풀지 않았더라면 예수님의 계보가 되는 다윗이 세상에 나오지 못했을 것이다. 우리가 믿음으로 하나님께 바치듯 우리가 일상적인 노동을 통해 이웃을 사랑하면, 하나님은 우리의 선한 노동을 통해 우리가 알지 못하는 놀라운 구원의 역사를 펼치신다.

우리도 일터에서 '포도원 주인'처럼 사랑할 수 있을까? (마 20:1-16)

예수님이 천국을 설명하기 위해 사용한 이 예화에서 천국에서 하는 일은 어떤 모습일지 상상할 수 있다. 지중해 연안에서 포도를 추수하는 시기는 건기의 마지막 시즌인데 이때가 가장 무덥다. 포도원 주인이 추수하기 위해 아침 일찍 인력 시장에 나가 대기하고 있던 사람들을 아침 여섯시에 일당 한 데나리온에 고용했다. 포도원 주인은 오전 9시, 낮 12시, 오후 3시에도 일꾼들을 계속 고용해 포도원으로 보내 일하게 했다. 주인은 마지막으로 오후 5시에도 일꾼을 고용했다.

추수 일과는 오후 6시에 끝났다. 주인이 품삯을 나눠주기 시작했다. 그런데 놀랍게도 주인은 일찍 온 사람이든 늦게 온 사람이든 구별하지 않고 모든 일꾼들에게 한 데나리온씩 지급했다. 일찍 온 품꾼들이 불공평하다고 불평했다. 더 많이 일했으면 더 많은 임금을 지급하는 것이 '동서고금의 합리적 진리'인데, 포도원 주인은 전혀 비합리적인 방식으로 임금을 지불했다. 주인은 왜 모든 일꾼들에게 동일한 임금을 지급했는가? 이 비유의 핵심은 이 질문에 대한 답을 찾는 것이다.

포도원 주인은 반발하는 일꾼들에게 당초 계약을 지켰기 때문에 공정했다고 반박했다. 주인은 오전 6시에 온 사람에게는 한 데나리온을 주기로 약속했고, 그 이후에 온 사람에게는 "상당한" 임금을 주기로 계약했다. 한 데나리온은 당시 일당에 해당하는 금액이다. 계약을 어긴 것이 아니기 때문에 일찍 온 일꾼들이 불의한 임금지급이라고 불평할 근거는 없었다.

이 예화의 핵심 주제는 주인이 놀고 있는 사람들을 계속 포도원 일꾼으로 고용한 이유에 들어있다. 그들은 일을 할 수 있는 능력이 있는데 기회가 없어 놀고 있었다. 주인은 어쩌면 더 이상 일꾼을 고용하지 않아도 됐을 수도 있다. 그가 계속 일꾼을 고용한 이유는 능력 있는 일꾼들에게 일할 기회를 제공하기 위한 것이었다. 돈 벌기 위한 목적이라면 주인은 품꾼을 그런 식으로 고용해서는 안 됐다. 이런 측면에서 주인은 자신의 재산으로 일자리가 없는 사람들에게 공의로운 사랑을 실천했다.

주인은 마지막 한 시간 일한 사람에게도 한 데나리온의 품삯을 주었다. 사실 그의 노동은 그만큼의 가치와 권리를 가지고 있지 않았다. 그러나 가장 늦게 온 일꾼도 자기 가족을 먹여 살리기 위해서는 그만큼의 돈이 필요했다. 주인은 그 사람의 노동의 가치를 보상하기 위해 한 데나리온의 품삯을 준 것이 아니라 그의 가족을 먹여 살리기 위해 생계비를 대주었다. 주인은 그냥 줄 수도 있었겠지만, 일꾼이 자신의 정체성을 잃어버리지 않도록 약간이라도 노동을 하게 하면서 그의 가치보다 훨씬 더 많은 품삯을 주었다.

이 예화에서 주인이 일꾼들을 고용한 행위는 돈 벌이가 아니라 사랑의 은혜를 상징한다. 예수님은 천국을 포도원 주인과 같다고 했다. 하나님의 사랑이 지배 원리가 되는 세상이 천국이다. 우리는 우리의 노동을 통해 우리의 가치를 인정받으려 한다. 그러나 하나님은 우리의 노동이 아니라 우리의 존재 자체를 인정하신다. 우리도 일터에서 만나는 이웃들을 노동의 능력과 결과로 그들의 가치를 판단하기 이전에 그들의 존재 자체를 먼저 존중해야 한다.

일로써 이웃을 사랑하라

일이 이웃에 대한 다양한 사랑의 표현이 될 수 있다면, 일은 하나님의 구원과 은혜를 세상에 전달하는 수단이 된다. 그리스도의 제자들에게 일터는 하나님이 그리스도의 십자가에서 보여주신 사랑이 흘러가는 곳이다. 제자들에게 일터는 차가운 사물의 현장이 아니라 무엇보다 먼저 사람을 사랑하는 곳이다. 우리는 일을 통해 다양한 환경 속에서 요구되는 사랑을 실천해야 한다. 그것은 정의의 모습을 띨 수도 있고, 공의의 모습을 띨 수도 있다. 아니면 자비를 베푸는 사랑이 절실한 일터도 있다.

성령께서 우리에게 어떤 사랑이 필요한지를 가르쳐주실 것이다. 성령은 우리가 사랑으로 일 할 때, 이웃의 필요를 채워주기 위해 탁월한 능력을 주시고 창의적인 지혜를 주신다. 우리는 일터에서 성령의 은사를 간구해야 한다. 각자에게 주어진 고유한 은사(혹은 달란트)를 통해서 이웃을 섬긴다.

하지만 우리가 경험하는 일터 현실은 진정 그리스도의 제자로 사랑을 실천하기에 녹록치 않다. 제자들은 매 순간 사랑을 실천할 수 있는 실제적인 지혜와 능력을 위해 기도해야 한다. 사랑하는 마음은 우리의 한계를 뛰어넘는 동기가 된다. 제자들은 성령과 함께 직장에서 일하면서 하나님의 은혜와 능력을 풍성하게 경험한다. 사랑으로 일하기 위해 제자들에게는 깊은 영성이 필요하다. 다음 장은 그리스도인들의 일터 영성을 향상하기 위한 실제적 방법들을 제안한다.

일터신앙

Listen
Love
Pray
Endure

제3장
기도하라

영적 훈련으로 하나님과 함께 일하기

영적 훈련 없이는 소명으로 일할 수 없다

그리스도인들이 일터에서 사랑으로 일하기는 결코 쉽지 않다. 대부분의 그리스도인들에게 그것은 물 흐르듯 자연스럽게 일어나지 않는다. 설령 그리스도인들만 모여 있는 일터라 해도 예외가 아니다. 그리스도인들만으로 구성된 일터라 하더라도 사랑으로 일하기는 결코 쉽지 않다. 그리스도인들이 일터에서 사랑을 이루며 소명으로 일하려면 끊임없이 영적 훈련을 해야 한다.

수동적인 믿음은 일터에서 거의 무용지물이다. 그리스도인들은 적극적이고 능동적인 믿음의 실천 없이 하나님의 소명을 제대로 따를 수 없다. 그리스도인들은 세상이 걸어오는 영적 싸움에 방어만 하기보다는 때론 공격적으로 영적 싸움을 걸어야 한다. 그리스도인은 영적 싸움을 위해 항상 준비되어 있어야 한다. 전쟁터에 나가는 군사가 훈련하지 않으면 전멸하는 것처럼, 그리스도인들도 지속적인 영적 훈련 없이 신앙인으로 일터에서 살아남지 못한다. 예배와 기도, 안식 등의 영적 훈련은 일터 신앙인들에게 필수적이다.

일터는 '갈등'이라는 단어로 표현할 만한 수많은 문제들로 얽혀 있다. 윤리적인 문제, 인간관계, 리더십 문제, 돈 문제 등 수없이 많은 문제들의 집합체가 직장이다. 직장인들은 자신의 힘으로 해결할 수 없는 문제들과 씨름하면서 견딜 수 없는 스트레스를 받고 직장우울증에 걸리기도 한다.

우리는 어디에서든, 심지어 교회에서도, 갈등을 피할 수 없다. 종교개혁자들이 갈파한 것처럼 그리스도 안에서 구원받은 인간은 '의인인 동시에 죄인(simul justus et peccator)'이기에 우리 삶에서 갈등을 완전히 제거한다는 것은 불가능하다.

그러나 갈등에는 이해 충돌이라는 현상만 있는 것이 아니다. 일터에서 경험하는 갈등은 피상적으로 느끼는 것보다 훨씬 더 깊은 영적 차원을 가지고 있다. 그리스도인들에게 현상적인 문제는 항상 기회다. 하나님의 구원은 타락한 죽음의 세상에 생명을 주시는 반전(反轉) 현상이다.

영적 훈련은 삼위일체 하나님과 함께 매 순간을 살아가는 삶의 연속된 과정이다. 성자이신 예수 그리스도의 복음 안에서 구원 받은 우리는 세상 속에서 성령의 도움과 인도하심으로 하나님 아버지께서 주신 소명을 살아간다. 그리스도인들이 일터에서 신앙과 분리되는 삶을 경험하는 이유들 가운데 하나가 일터 현장에서 해야 하는 영적 훈련을 무시하거나 게을리 하는 것이다.

청교도 신학자로 유명한 제임스 패커는 성령 충만한 삶과 관련하여 기독교인들이 종종 잊고 지내는 두 가지 중요한 사실을 지적한다. 첫째, 성령은 영적 훈련과 같은 수단을 통해서 일을 하신다. 둘째, 거룩한 습관은 자연스럽게 형성되는 것이 아니라 부단한 훈련을 통해 습득되는 것이다. 패커는 성령 충만한 삶을 위한 영적 훈련으로 기도, 교제, 예배와 같은 종교적 행위뿐 아니라 생각하고, 경청하고, 자신에

대해 질문하고, 살펴보고, 다른 사람과 함께 마음을 나누는 일 등을 제시한다.[1]

그리스도인들은 영적 훈련으로 하나님과 함께 살아가는 습관을 만들어간다. 영적 훈련을 통해 일터 현장에서 하나님의 뜻을 예민하게 분별하려 노력한다. 영적 훈련 없이 영적 성숙은 오지 않는다. 특히 죄 문화가 구조적이고 일상화된 일터에서 그리스도인들은 지속적인 영적 훈련으로 갈등 상황을 돌파하고 하나님의 선하시고, 기뻐하시고, 온전하신 뜻을 구체적으로 실천해야 한다. 영적 훈련을 하는 그리스도인들에게 일터의 여러 문제들은 오히려 일터에서 하나님을 더 깊이 알고 사랑하는 기회가 된다.

성령과 함께하는 영적 훈련으로 갈등을 극복하라

성령은 진리의 영이시다(요 14:17). 성령은 교회 안에만 계시지 않고 온 세상을 감싸고 있다. 성령은 이미 하나님이 천지를 창조하기 이전부터 수면 위를 운행하고 계셨다(창 1:2). 하나님께서는 지금도 역사의 고비마다 하나님의 영을 보내어 구원을 이끄신다. 하나님의 영, 곧 성령은 우상숭배와 타락으로 신음하는 세상에 진리의 길을 보여 주신다.

성령은 혼돈 가득한 일터 현장에서 분투하는 제자들에게 끊임없이 진리의 길을 계시해 주시고 일터에서 하나님의 은혜로운 구원의 손길을 경험하게 하신다. 성령은 일터에서 그리스도인들과 함께 일함으로써 하나님이 주신 사명을 감당할 수 있도록 도와주신다. 성령은 그리스도인들이 갈등 상황을 생존경쟁의 구도의 관점에서 바라보지 않고 신비로운 하나님 구원의 관점에서 바라보게 해준다. 성령은 우리 안에 감춰진 것을 빛 아래 드러낸다(엡 5:13). 성령은 그리스도인들에게 일하는 동안 무엇이 의로운 길인지, 무엇이 죄의 길인지, 어떻게 심판을 받는지 계시해주신다(요 16:8).

갈등은 해결하기 쉽지 않지만 그렇다고 두려워할 필요도 없다. 성령은 제자들의 마음에 현실을 바라보는 영적 시각을 제공하고, 문제를 해결하고자 하는 의지를 불러일으키고, 자신의 능력 부족을 절감하고 기도하게 하고, 문제를 지혜롭고 선하게 해결하게 한다.

성령은 일터 그리스도인들에게 거칠고 어려운 갈등 상황들을 풀어갈 만한 능력을 주셔서 부활하신 그리스도를 증언하도록 하신다(행 1:8). 그리스도인들은 갈등을 피하거나 부정할 필요가 없다. 오히려 적극적으로 성령에 의지해 갈등을 지혜롭게 풀어나가겠다는 결단과 의지와 믿음이 필요하다.

> **갈등을 해결하시는 성령**
> 성령은 또한 그리스도인들에게 갈등을 없애주시는 것이 아니라 더욱 적극적으로 갈등에 부딪히게 하신다.

성령은 또한 그리스도인들의 갈등을 없애주시는 것이 아니라 더욱 적극적으로 갈등에 부딪히게 하신다. 성령 충만한 그리스도인들

> **갈등에 적극적인 그리스도인**
> 밀로슬라프 볼프는 성령 충만함을 받은 사람은 세상 속에서 적극적으로 긴장 (혹은 갈등)을 일으켜서 일을 변화시킨다고 지적한다.

은 불의한 사안에 대해서는 먼저 문제를 제기하며 갈등을 일으키는 사람들이다. 하나님은 그리스도인들이 직장에서 얌전한 예스맨으로 있기 보다는 적극적으로 싸움을 걸어 직장을 변화시키기 원하신다.

밀로슬라프 볼프는 성령 충만함을 받은 사람은 세상 속에서 적극적으로 긴장 (혹은 갈등)을 일으켜서 일을 변화시킨다고 지적한다. 그는 성령이 먼저 그리스도인들의 성품을 변화시켜 세상의 가치와 충돌하게 만드신다고 말한다. 그리고 불신자들과 그리스도인들이 함께 하는 일을 그리스도인들을 통해 기어코 변화시킨다고 주장한다. 그리스도인들은 자신을 일터로 보내신 하나님의 의도를 깨닫고 의지적으로 성령의 인도하심을 받는 선한 하나님 나라의 일꾼을 자처한다.[2]

하버드 대학교 로라 낸시 교수가 미국의 기독교인 CEO들을 대상으로 실시한 인터뷰 분석 결과도 볼프의 이론을 뒷받침한다. 낸시는 책임적 위치에 있는 그리스도인들은 자신들의 신앙 때문에 일곱 가지의 긴장(tension)을 겪는다고 말했다. 하나님에 대한 사랑과 이윤의 추구 사이, 사랑의 요구와 경쟁의 현실, 사람들의 필요를 채워주는 것과 이윤에 대한 의무감, 겸손하고자 하는 소망과 성공에 대한 자아, 가정과 일, 자비롭게 주고자 하는 마음과 재산을 쌓고자 하는 욕구, 세속 도시 안에서 신실한 증인이 되는 것 등이다.³⁾ 낸시가 분석한 것처럼 성령과 함께 일하는 사람들은 가치 충돌을 경험할 수밖에 없는데, 이러한 충돌은 하나님으로부터 오는 '거룩한 갈등'이다.

"성령을 따라 행하라(*πνεύματι περιπατεῖτε*)"는 명령(갈 5:16)은 성령과 함께 걸으라는 뜻이다. 이 문단에서 바울이 육체의 소욕을 따라 살아가는 삶과 성령을 따라 살아가는 삶을 병렬하는 것은 두 가지의 삶이 있다는 것을 보여주려는 목적이 아니다. 우리가 무엇을 따라가는가에 따라 우리 삶이 완전히 달라진다는 영적 교훈을 주려는 목적이다. 성령을 따르는 삶은 의지적 결단에 따른 순종이며 훈련이다. 일터에서 영적 훈련을 게을리 하면 우리는 결단코 하나님이 주신 소명에 응답하는 삶을 살아내지 못한다.

일터에서 소명자로 살기 위해 기도 훈련을 하라

그리스도인들은 하나님의 부르심을 받아 예배자로 살도록 일터로 보냄 받는다. 일터에는 돈과 힘이라는 우상을 숭배하는 사람들이 많다. 그들 사이에서 그리스도인들은 하나님을 향한 예배자로 존재한다. 하나님 예배자로 존재하기 위해 일터 신앙인들은 신우회를 조직해 정기적으로 예배드리고 함께 훈련을 나누기도 한다. 그리스도인들이 함께 하는 신우회 활동처럼 공동체적 영적 훈련도 필요하지만,

기도하기와 안식 누리기와 같은 개인적 훈련으로 영적 싸움 능력을 배양하는 것도 중요하다. 기실, 개인적인 영적 훈련 없이 집단 활동으로 신앙을 유지하려는 시도는 성공적이지 못하다.

기도는 우리가 하나님과 소통하는 수단이다. 우리는 지금 이 시간 우리들을 향한 하나님의 뜻이 무엇인지 알게 해달라고 기도한다. 우리에게 필요한 것을 간구한다. 하나님은 우리의 기도를 들으시고 기도에 응답하신다. 때론 직접 말씀하시고, 때론 침묵으로 말씀하시고, 때론 우회적으로 응답하신다. 분명한 점은 하나님이 우리 기도에 반드시 반응하신다는 사실이다. 하나님은 우리의 기도를 받기 원하고 기다리신다. 하나님은 비록 우리를 향한 구원 계획을 가지고 계시지만, 우리의 기도를 통해 구원하시는 방법을 사용하신다(겔 36:37).

하나님의 선한 뜻을 따라 살려면 우리는 반드시 기도해야 한다. 그것도 쉬지 않고 기도해야 한다(살전 6:17). 기도하지 않고 일만 하면, 우리도 악한 세상을 닮아갈 수 있다. 우리의 욕망으로 타자의 생명을 해치는 결정을 하면서도 우리의 양심은 이 사실을 모를 수 있다. 그러나 우리가 기도하면, 성령은 우리에게 정의롭고 공의로운 길을 찾게 하신다. 기도 없는 일은 악해지기 쉽고, 일 없는 기도는 위선으로 흐르기 십상이다.

> **기도와 일**
> 기도 없는 일은 악해지기 쉽고, 일 없는 기도는 위선으로 흐르기 십상이다.

하나님은 우리 기도를 통해 우리가 하는 일이 하나님의 선하신 뜻대로 이뤄지도록 인도해주신다. 기도는 우리를 삼위일체 하나님과 사귐의 관계로 이끌어 간다. 그리스도인들은 기도를 통해 성부, 성자, 성령 세 하나님이 서로를 내어주며 지지하며 이끌어주며 사랑하는 사귐(페리코레시스·perichoresis)의 관계로 초청받는다. 그리스도인들은 그리스도의 이름으로 하나님 아버지께 기도하며 응답을 받아 하나님의 사귐에 걸맞은 삶을 살아간다. 기도를 통한 하나님과의 사귐 속에 하나님과 우리의 우정과 사랑이 깊어간다.

많은 그리스도인들이 일터에서 기도할 시간이 없다고 하소연한다. 하지만 그들이 그렇게 하소연 하며 기도하지 않는 사이에 하나님과의 사귐은 멀어진다. 바쁜 일상이 하나님을 내 일터에서 멀어지게 한다. 바쁘면 바쁠수록 더욱 더 기도하는 훈련을 해야 한다. 일터 그리스도인들에게 기도는 일터를 떠날 때까지 반복해야 하는 훈련이다.

우리의 연약한 몸은 우리의 마음에 기도하는 습관을 쉽게 허락하지 않는다. 기도 훈련은 가능한 자주 하는 것 외에 달리 방법이 없다. 17세기의 수도사 로렌스 형제는 38세에 수도원에 들어가 주방 일을 오래 하면서 영적 훈련을 쌓아갔다. 그의 영적 훈련은 '하나님의 임재 연습'으로 유명하다. 그는 동료 수도사들을 위해 음식을 만들고 치우는 단조롭고, 반복되고, 육체적으로 고된 일에서 하나님의 임재를 경험했다고 고백했다. 일이 지루하기는커녕 재미있고 기뻤다고 말했다. 로렌스 형제는 가능한 자주 하나님을 응시하고 하나님께 마음을 드리는 훈련이 그 비결이라고 소개했다. 그가 말하는 '하나님 응시'

는 하나님의 임재를 경험하는 기도에 다름 아니었다.

> 외적 활동을 시작하기 전에는 언제나 아주 잠깐이라도 하나님을 흘긋 보기 위해 각별히 노력해야 합니다. 그 다음, 외적인 활동을 수행하는 동안에 시시때때로 계속 하나님을 응시해야 합니다. 그리고 외적인 활동을 끝마칠 때에는 하나님께 시선을 향한 채로 끝마쳐야 합니다. 이는 적지 않은 시간과 노력을 요하는 것이므로 처음에는 몇 번 잘 되지 않는다고 낙심할 필요는 없습니다. 나쁜 습관은 들이기 쉽지만 좋은 습관을 들이기란 무척 힘들기 때문입니다. 그러나 일단 이러한 습관을 들이면 우리가 하는 모든 일들을 기쁨으로 행할 수 있을 것입니다.[4]

6세기 베네딕트 수도원은 중세 초기에 거의 유일하게 수도사들에게 노동을 강조한 수도원이었다. 그들의 노동은 주로 수도원에 딸린 논밭에서 농사를 짓거나 청소하고 조경하는 일 등이었다. 베네딕트 수도원의 노동은 철저히 영성 훈련의 구도 아래에서 이뤄졌다. 베네딕트 수도원은 하루 일과를 기도(ora)-노동(labora)-성경묵상(lectio)으로 구분하고 기도에 3시간, 노동에 5시간, 성경공부에 2~3시간을 배분했다. 계절에 따라 시간 배분은 약간씩 차이가 났다.

베네딕트 수도사들은 노동을 마음속 잡념을 제거하고 이기적인 자아에서 벗어날 수 있는 보조수단으로 활용했다. 하루 일과에서 가장 긴 시간을 차지하는 노동은 기도와 말씀 안에서 이뤄지는 구도 행위였다. 기도와 말씀 안에 둘러싸인 노동은 악의 유혹에서 벗어나 선을 행하는 도구로 안전한 수행 활동이 될 수 있다고 그들은 믿었다. 기도-노동-묵상의 패턴 안에서 수도사들은 하나님이 보시는 앞에서 노동하는 훈련을 지속했다.

현대 그리스도인들은 하루에 여덟 시간 이상 일하는 바쁜 일과 속에서 수도사들처럼 살아갈 수는 없지만, 이들의 노동 패턴이 던지는 의미를 숙고할 필요가 있다. 기도와 말씀이 우리 일과 분리될 때, 우리 일 안에는 온갖 악한 것들이 침범하고 일터를 향한 하나님의 뜻을 방해한다. 우리는 일하는 동안 끊임없이 기도함으로써 우리 일을 하나님께 드려야 한다. 그분이 우리를 통해 일하시도록 지속적으로 영적 소통을 유지해야 한다.

기도를 통해 우리는 일하는 의미를 발견하고 일과 내가 서로 소외되지 않고 하나가 됨을 경험하게 된다. 디트리히 본회퍼는 노동 현장에서 드리는 기도가 자칫 사물의 세계 속으로 파묻힐 수 있는 노동을 구원하는 역할을 한다고 강조했다.

> 노동은 노동이다. 오히려 일이 자신에게 무슨 소용이 있는지를 아는 사람은 일의 괴로움과 어려움을 직시한다. '그것(Es)'과의 지속적인 대결은 계속 존재할 것이다. 그러나 돌파가 이루어지고, 기도와 노동의 통일, 즉 하루의 통일이 실현된다. 하루의

노동이라는 '그것'의 배후에서 하나님의 '너(Dich)'를 발견하는 것을 바울은 '쉬지 말고 기도하라(살전 5:17)'는 말로 표현한다. 그리스도인의 기도는 기도에 한정된 시간을 넘어서 일 한가운데로 뻗어 들어간다. 기도가 온 하루를 포괄한다. 그러나 기도는 일을 중단시키지 않는다. 오히려 기도는 일을 촉진시키고 긍정하며 일에 진지함과 즐거움을 가져다준다. 그리스도인의 말과 행동과 노동은 모두 기도가 된다.[5]

일터에서 기도하지 않으면 일터에서 만나는 이웃이 누구인지를 생각하려 하지 않는다. 더군다나 일터에서 내 이웃을 사랑해야 한다는 사명을 기억하기도 쉽지 않다. 짜증스러운 동료와 상사를 어떻게 사랑할 수 있을까? 그러나 기도하면, 우리의 마음이 그 사람을 하나님 앞에 올려드리고 축복하게 된다. 기도는 나의 일을 거룩하게 만들어 준다.

기독치과의사 모임에서 만난 L 의사는 젊은 직원들에 대해 거의 분노 수준의 감정을 가지고 있었다. L씨는 직원들이 환자 앞에서 서로 싸우기도 하고 무단결근을 일삼고 툭하면 퇴직하겠다고 '협박'하기도 해서 그들을 보기만 해도 스트레스를 받는다고 했다. 요즘 개인 치과 병원은 직원들 구하기가 하늘의 별따기다. L씨는 나에게 어떻게 해야 되겠냐고 상담했다. 나는 제일 먼저 문제의 직원들을 위해 얼마나 기도하고 있는지 물었다. 전혀 하지 않았다고 대답했다. L씨는 그들을 보면 기도할 마음이 도저히 생각나지 않는다고 대답했다. 기도하지 않으면 사랑할 수 없다. 기도는 이웃 사랑의 마음을 여는 첫 단추다.

바쁜 일터에서 이렇게 기도하라

제자들은 직장에서 어떻게 기도할 수 있을까? 바쁘게 돌아가는 현대 문화는 사탄이 거주하기 딱 좋은 환경이다. 바쁘고 힘들고 지친 몸으로 하나님께 기도하기가 말처럼 쉬운 일이 아니다. 일터에서 기도한다는 생각 자체가 생소하게 들리는 사람들도 많다.

일터에서 의지적으로 반복적인 훈련을 하지 않으면 기도하는 습관이 생기기 어렵다. 습관은 우리가 만드는 것이지 하나님의 은혜로 거저 주어지는 것이 아니다. 어려운 일이 닥칠 때 절박하게 도움을 구하는 드문드문 기도로는 일터에서 소명으로 일하기란 불가능하다. 하나님과 사귐 없이 소명을 깨달을 수는 없다.

그리스도인들이 직장에서 기도하기를 어려워하는 이유의 첫 번째는 시간 내기가 어렵고, 두 번째는 기도할 수 있는 장소를 찾기 어려운 현실이다. 직장인들은 교회 예배 시간이나 기도회 시간에 성도들과 함께 드리는 기도에 익숙하거나 집이나 사적 공간에서 개인적으로 드리는 기도에 익숙해서 공적 장소인 일터에서 기도하라는 권면에 부담을 느낀다.

1. 어디서나 짧게 자주 기도하라

기도는 특정한 시간과 장소에서만 하는 것이 아니라 우리가 있는 바로 그 시간과 그 장소에서 하나님과 소통하는 것이다. 기도의 본질은 얼마나 많은 시간 동안 구별된 장소에서 기도하는가에 있지 않다. 기도는 오직 하나님을 만나는 '사건'이다. 일터에서는 길게 기도할 수 없다. 그러나 1분도 안 되는 기도도 얼마든지 훌륭한 기도가 될 수 있다. 눈 뜨고 책상 앞에서 마음속으로 드리는 기도 또한 멋진 기도일 수 있다.

예수님은 기도할 때에 이방인처럼 중언부언하지 말라고 경고했다. 이방인들이나 종교적 형식에 치우친 사람들은 길고 크게 기도해야 하나님이 들어주실 것이라고 생각하지만, 하나님은 우리가 기도하기 전에 이미 우리에게 필요한 것을 다 아시기 때문에 쓸데없이 길고 크게 기도하지 말라고 가르쳐주셨다(마 6:7-8). 기도의 핵심은 기도하는 행위 그 자체다. 하나님은 우리의 기도 내용과 길이가 아니라 기도하러 나오는 그 마음을 보신다.

직장에서는 가능한 자주 영혼으로 하나님을 만나는 '사건'을 만들어야 한다. 기도는 한 번에 몰아서 하지 말고 가능한 자주 해야 한다. 하나님을 자주 만나야 대화가 편해지고 깊어진다. 그리스도인들은 직장에서 수시로 기도하는 습관을 길러야 한다. 할 수 있다면 같은 시간대에 주기적으로 기도하는 습관을 형성하면 더 좋다.

직장 일과는 사무실 안에 들어가기 전부터 시작된다. 출근하는 시간은 실제로 일은 하지 않지만 그날 하루 동안 해야 할 일을 생각하는 준비시간이다. 그리스도인은 매일 아침 출근하는 시간을 기도 시간으로 삼아야 한다. 나는 운전해서 사무실까지 나가는 40여분 동안 가능한 하나님과 기도하면서 보냈다. 지금도 교회에 출근하는 길은 기도하고 묵상하는 시간이다.

또한 일을 정리하고 퇴근할 때, 하루 일과를 하나님 앞에서 정리하는 기도를 하고 퇴근하는 습관을 들이면 좋다. 퇴근할 때 기도하는 그리스도인들을 나는 거의 만나본 적이 없다. 잠자기 전에 감사의 기도를 드리듯 퇴근 직전 오늘 하루 했던 일과 만났던 사람들을 생각하며 감사 기도를 드릴 때, 내일 해야 할 일과 만날 사람들이 기다려진다. 또한 잘못한 일과 상처 주었던 대화를 떠올리며 하나님께 용서를 구하고 상대에게 사과의 메시지를 보낼 마음이 생기기도 한다. 퇴근 직전 기도는 우리가 습관적으로 처리하는 일을 소명으로 하는 데 중요한 영향을 미친다.

프랑스 화가 밀레의 유명한 작품「만종」은 가난한 젊은 부부가 오후 6시 성당에서 들려오는 종소리에 맞춰 씨감자 바구니를 밭에 내려놓고 경건하게 기도하는 장면이다. 이 그림은 19세기 중반 산업혁명 와중에 농민들이 가난에 먹고 살기가 힘든 고단한 하루 일과를 반영하고 있다. 그림 속 부부는 힘겨운 농사일을 할 수 있음에 감사를 드리고 내일도 일하게 해달라고 간구하며 하루 노동을 마쳤다. 기도로 시작해 기도로 끝나는 노동은 거룩해지지 않을까?

　기도는 고된 일을 버티는 힘이 된다. 힘들지만 하나님께 감사하고 구원을 간구하는 기도를 통해 우리는 삶을 비관하기 보다는 하나님의 은혜와 섭리를 기대하고 이겨낼 수 있는 힘을 얻는다. 기도는 치유하는 힘이 강하다. 이렇게 출근과 퇴근 시간에 기도함으로써 우리는 베네딕트 수도사들처럼 우리의 하루 일과를 기도 안에 감쌀 수 있다.

2. 중요한 일을 앞두고 기도하라

특별히 중요한 보고나 계획, 발표를 앞두고 준비하는 과정에서 기도하기를 잊지 말아야 한다. 하나님께서 지혜롭게 준비 과정을 인도하시도록 기도해야 한다. 우리가 탁월하고 창조적으로 일할 수 있도록 하나님이 이끄시도록 해야 한다. 많은 사람들에게 영향을 미치는 프로젝트나 사업을 위해서는 더 자주 기도하도록 노력해야 한다. 위기 상황에서는 더 말할 필요가 없다.

　예수님은 공생애 기간 동안 사역 중간 중간 홀로 산에 올라 기도하셨다. 우리는 예수님이 십자가에 달리기 전 겟세마네 동산에서 피땀을 흘리며 기도했던 장면을 유심히 살펴볼 필요가 있다. 예수님은 자신을 세상에 보내신 하나님 아버지가 주신 소명을 마무리하기 전에 아버지 앞에 나가 기도했다. 정말로 피하고 싶지만 결코 피할 수 없는 일이 다가오고 있었다.

이 갈등을 이겨낸 것은 간절한 기도의 힘이었다. 예수님은 기도하면서 자신에게 주어진 소명을 포기하지 않고 순종하기로 결단했다 (마 26:36-46; 막 14:32-42; 눅 22:39-46). 또한 예수님은 십자가 위에서 수많은 조롱과 유혹을 견디기 위해 하나님께 기도했다. 인간이자 하나님이신 예수님도 기도하며 소명의 길을 걸었는데, 하물며 죄인인 우리가 어찌 기도하지 않고 소명의 길을 걸어가겠는가?

김대중 대통령 시절 청와대 외교안보 수석과 주중 대사를 지냈던 김하중 장로는 회심한 뒤로 매일 새벽기도로 하루를 시작하고 퇴근 후에는 기도에 집중하는 사람이었다.[6] 김 장로는 아무리 바빠도 기도로 일을 시작하고 기도로 준비하고 기도로 일을 마무리하는 기도의 사람이었다. 그는 모든 일을 하나님께 물어보고 결정했으며, 아무리 바쁜 일정 속에서도 하나님께 기도하기를 잊지 않았다. 그는 기도 중에 하나님의 음성을 듣기도 하고 다음 날 만날 사람에 대한 메시지를 직접 받아 전달하기도 했다.

김 장로는 청와대 외교안보수석 시절 대통령에게 업무 보고하기 전에 반드시 기도하고 들어갔다고 밝혔다. 기도하는 것을 잊어버렸을 때에는 대통령을 기다리게 하고 잠시 나가 빈 방에 들어가 기도하고 들어와 보고할 정도였다. 김 장로는 주중 대사 시절 탈북자들이 중국으로 쏟아져 들어올 때, 베이징 한국 대사관으로 들어온 1천여 명의 탈북자들을 단 한 명도 북송당하지 않고 한국과 제3국으로 보냈다. 중국 당국이 탈북자들을 북한으로 송환하려 할 때마다 그는 기도하며 중국 당국자들을 만나 설득하고 그들을 위해 기도해줌으로써 그들을 감화시키고 전도하기도 했다. 한국과 중국의 외교 관계는 그가 대사로 있던 6년 반 동안 질적인 성장을 이뤘으며 신뢰관계가 두터워졌다고 한다.

하나님은 종교적인 영역에서만 기도를 들어주시는 개인적 하나님이 아니다. 하나님은 자신이 창조한 세상이 생육하고 번성하는 생명의 땅이 되도록 모든 삶의 현장에 개입하시기를 원하신다. 그리스도인들은 일터에서 수행하는 업무들 속에 하나님이 들어와 지혜를 발휘하시도록 기도로 초청해야 한다. 일터 업무들이 우리 일이 아니라 하나님이 하실 일이라는 사실을 경험하게 된다. 특히 많은 사람들에게 영향을 미치는 업무일수록 더욱 간절히 선하신 하나님이 합력하여 선을 이루도록 간구해야 한다(롬 8:28).

3. 위기 상황에서는 함께 중보 기도하라

일터에 뜻하지 않게 위기가 닥쳤을 때에는 홀로 기도하기 보다는 다른 그리스도인들과 정보를 공유하면서 함께 기도하면 좋다. 합심 기도가 개인 기도보다 특별히 기도응답이 더 잘 된다는 뜻은 아니다. 중보기도를 하면서 그리스도인들은 서로를 격려하고, 실제적 도움을 찾고, 인내할 수 있는 힘을 서로 주고받는다. 기도할 수 없는 사람을 위해 기도하는 것은 하나님이 기뻐하시는 사랑의 행위다. 그리스도인들은 중보기도의 도움을 주고받으면서 사랑의 공동체로 성장한다.

누구보다 믿음과 영적 능력이 탁월했던 사도 바울도 교회를 위해 기도해주었을 뿐만 아니라 교회에 자신의 사역을 위해 기도해달라고 자주 요청했다. 그리스도의 복음을 전파하고 복음으로 일상을 살아가는 행위는 본질적으로 내 힘만으로 할 수 없는 것임을 바울은 잘 알고 있었다. 그는 에베소 교회 교인들에게 "우리의 씨름은 혈과 육을 상대하는 것이 아니요 통치자들과 권세들과 이 어둠의 세상 주관자들과 하늘에 있는 악의 영들을 상대하는" 것이라고 지적하면서(엡 6:12) 중보기도에 힘쓰라고 권면했다.

> "모든 기도와 간구를 하되 항상 성령 안에서 기도하고 이를 위하여 깨어 구하기를 힘쓰며 여러 성도를 위하여 구하라 또 나를 위하여 구할 것은 내게 말씀을 주사 나로 입을 열어 복음의 비밀을 담대히 알리게 하옵소서 할 것이니 이 일을 위하여 내가 쇠사슬에 매인 사신이 된 것은 나로 이 일에 당연히 할 말을 담대히 하게 하려 하심이라"
>
> 에베소서 6장 18~20절

당시 바울의 '일터'는 로마 감옥이었다. 아시아와 유럽 지역을 돌아다니며 활발하게 선교활동을 했던 바울이 로마에 있는 감옥이라는 폐쇄된 공간에 갇혀 복음을 전하기 어려운 위기를 맞이했다. 그는 이러한 곳에서라도 자신을 찾아오는 사람들에게 위축되지 않고 담대하게 복음을 전할 수 있도록 교회가 기도해달라고 요청했다.

교회와 성도들은 중보기도를 하면서 하나님 안에 함께 있음을 깨닫게 된다. 홀로 고군분투하지 않고 성도들이 함께 싸우고 있음을 깨달을 때, 위기 돌파 능력과 지혜가 더 커질 수밖에 없다. 20세기의 중보기도 사역자로 유명한 리즈 하월즈는 중보기도의 비밀이 '하나 됨'에 있다고 갈파했다. 그는 "중보기도자는 자기가 기도해 주는 사람들이 앉아 있는 그 자리에 가서 앉는 법을 배워야 한다"고 말했다.[7]

2015년 내가 원목으로 사역하던 용인 다보스 병원은 다른 병원들과 마찬가지로 메르스 사태로 위기를 맞았다. 이때 병원 신우회원들은 자발적으로 일 주일 동안 특별 기도회를 열고 출근 시간 전에 함께 모여 하나님의 도우심을 기도했다. 병원 이사장을 비롯한 신우회원들은 예수님의 기적 사건을 묵상하며 병원이 기적적으로 위기를 이겨낼 수 있도록 합심 기도했다.

병원 임직원들은 허리띠를 졸라매며 함께 견뎠다. 메르스 사태가 지나고 그 해 말 다보스 병원의 경영 실적은 놀랍게 호전되었다. 많은 병원들이 견디지 못해 문을 닫을 때였다. 양성범 이사장은 "함께 기도하며 믿음과 용기를 얻어 메르스 사태를 맞아 병원의 경영을 먼저 걱정하기 보다는 환우들의 감염 예방에 최우선적으로 대응해서 당국의 지침보다 훨씬 더 적극적이고 공격적으로 대처할 수 있었다"고 술회했다.

4. 일터에서 만날 사람들을 위해 기도하라

그리스도인들은 직장에서 업무로 만나야 할 사람들을 위해 미리 기도하면서 만남을 준비하는 습관을 길러야 한다. 우리가 누군가를 위해 기도할 때, 우리는 그 사람으로부터 무엇을 얻을 수 있을까 궁리하기 보다는 그 사람이 잘 되기를 바란다. 또한 그 사람을 만나는 내 자신이 그 사람과 맺은 관계에서 선한 결과가 나오길 기대한다. 기도는 자연스럽게 우리로 하여금 상대를 사랑할 수 있는 마음을 갖게 한다.

그리스도인들이 직장에서 일한다는 것은 무엇보다 사람을 만나는 것이다. 혼자 컴퓨터 앞에 앉아 일한다 해도 나는 다른 많은 사람들과 연결된 네트워킹 안에 들어있다. 우리는 일을 통해 내가 알거나 모르는 많은 사람들과 연계된 관계 속으로 들어간다.

많은 직장인들은 회사 안에서 이뤄지는 인간관계를 회사 안으로 제한하려 한다. 회사 안에서 맺어진 인간관계는 특정한 목적을 위한 공적 객관적 관계이고, 회사 밖에서 맺은 인간관계는 사적으로 친밀한 주관적 관계로 구별한다. 진정한 인간관계는 후자에 있다고 생각한다. 그러나 그리스도인들에게 모든 사람은 회사 안팎을 구별할 것 없이 하나님이 맺어주신 사랑의 대상이다.

그리스도인들은 특별히 업무 관계 속에서 까다롭고 힘든 사람들을 위해 기도해야 한다. 우리의 거룩함은 자기와 경쟁관계에 있는 사람들, 업무 관계 속에서 어려운 사람들, 업무능력이 부족한 사람들,

심지어 자기를 해치려고 하는 사람들을 위해 기도할 때 더욱 빛난다. 이들을 위해 기도할 때, 우리는 쉽게 분노와 부정적인 감정에 휩싸이지 않고 선한 길을 찾기 위해 노력하게 된다. 이들을 위해 기도하면 그들이 변하지는 않더라도 우리 자신이 그들에 의해 부정적인 영향을 받지 않고 진실하고 선한 길을 가게 된다.

예수님은 "너희를 박해하는 자를 위하여 기도하라"고 말씀하셨다(마 5:44). 사도 바울도 "너희를 박해하는 자를 축복하라. 축복하고 저주하지 말라…아무에게도 악을 악으로 갚지 말고 모든 사람 앞에서 선한 일을 도모하라. 할 수 있거든 너희로서는 모든 사람과 더불어 화목하라"고 권면했다(롬 12:14,17~18). 보복할 수 있는 합법적 자격이 있어도 선으로 악을 이길 수 있는 방법은 기도다.

나는 직장 생활을 하면서 같이 일하기 힘든 팀장과 3년 동안 함께 일한 적이 있다. 가치관이 틀리고 업무 의욕이나 능력이 떨어져 팀장으로 모시고 함께 일하기가 어려운 분이었다. 처음에는 팀장과 함께 일한다는 것이 억울하고 화가 났지만 회사의 인사발령을 직원인 내가 바꿀 수는 없는 노릇이었다.

나는 아침마다 출근하면서 팀장을 위해 기도하고 그가 해야 할 일까지 팀원들이 감당해서 우리 팀이 성과를 올리게 해달라고 간구했다. 또한 내가 팀장인 그분의 인격을 존중하고 세워드리면서도 팀원으로서 내가 해야 할 일을 충분히 해낼 수 있도록 기도하고 노력했다. 그 3년을 마지막으로 나는 직장을 떠났다. 팀장은 해외 유학중인 나에게 전화해 고맙다고 인사했다. 나중에 한국에 돌아와 그분이 주변에 내 칭찬을 많이 했다는 사실을 알게 됐다. 내가 싫어하는 사람을 위해 기도한다는 것이 결코 쉬운 일은 아니다. 그러나 기도는 우리가 감정을 초월하도록 도와준다.

무엇을 기도할까?

우리는 연약하고 부족하기 때문에 기도한다. 아픈 사람들은 낫기 위해 기도한다. 실패한 사람들은 재기할 수 있는 기회를 얻기 위해 기도한다. 능력이 부족한 사람은 능력을 얻기 위해 기도한다. 이러한 기도들은 잘못된 기도가 아니다. 우리는 우리에게 부족한 것을 위해 기도한다. 아니 기도해야 한다. 삶에 필요한 것들이 부족해 생명의 위기를 겪는 것을 하나님은 기뻐하지 않으신다. 우리는 적극적으로 기도해야 한다. 그래야 우리는 살 수 있다.

그러나 오직 자신의 성공과 안위와 행복만을 위해 간구하면, 타자를 위해 존재하는 그리스도의 제자로서 우리 정체성이 훼손된다. 우리 기도가 타자를 배제하지 않도록 조심해야 한다. 우리를 위한 기도가 우리 자신뿐 아니라 타자에게도 유익을 줄 수 있도록 기도해야 한다.

나는 몸이 아플 때마다 하나님께서 치유해주실 것을 위해 기도한다. 내 몸이 건강해야 더 충실하게 설교를 준비할 수 있고 강의를 성실하게 준비할 수 있고 글을 잘 쓸 수 있는 에너지를 얻기 때문이다. 또한 내가 건강해야 내 가족들이 행복할 수 있다. 나의 건강은 다른 사람들에게 직간접적으로 영향을 미친다. 일터에서도 마찬가지다. 우리는 일을 잘 할 수 있도록 기도해야 한다. 탁월하고 창의적으로 일할 수 있는 지혜와 능력을 달라고 기도해야 한다.

우리는 자신의 성공을 위해 기도하는 것이 아니라 자신의 성공을 통해 하나님이 통치하시도록 기도해야 한다. 성령 하나님의 창조적인 활동을 통해 자신이 생각하지 못했던 많은 일들을 경험함으로써 일터를 통치하시는 하나님의 영광을 발견해야 한다. 우리는 자신이 하는 일이 구체적으로 어떻게 이웃을 사랑할 수 있는지를 알기 위해 기도해야 한다.

> **하나님의 통치를 위한 일터 기도**
> 우리는 자신의 성공을 위해 기도하는 것이 아니라 자신의 성공을 통해 하나님이 통치하시도록 기도해야 한다. 성령 하나님의 창조적인 활동을 통해 자신이 생각하지 못했던 많은 일들을 경험함으로써 일터를 통치하시는 하나님의 영광을 발견해야 한다. 우리는 자신이 하는 일이 구체적으로 어떻게 이웃을 사랑할 수 있는지를 알기 위해 기도해야 한다.

또한 우리는 하나님께 용서를 간구해야 한다. 때로 우리는 일을 통해 하나님의 뜻을 행하기보다는 불안과 두려움에 싸여 악한 일을 할 수도 있다. 우리는 순간적인 판단 착오로 실수하기도 하고 뜻하지 않게 실패하기도 한다. 주변 사람들에게 피해를 끼치기도 한다. 사실 일터에서 이런 일들은 부지기수로 일어난다.

우리는 하나님께 우리 잘못과 의도적 혹은 무의식적으로 지은 죄를 용서해달라고 기도해야 한다. 용서를 간구하는 기도는 우리가 동일한 죄와 잘못을 반복하지 않겠다는 사랑과 의지의 표현이다. 하나님은 용서를 간구하는 우리의 기도를 기다리신다. 우리로 하여금 다시 시작할 수 있는 기회를 주신다.

나는 직장 생활할 때 몇 번에 걸쳐 해서는 안 될 죄를 지었다. 경쟁에서 이기기 위해 비윤리적인 방식을 동원하기도 했고, 회사의 불의한 요구를 거절하지 못하고 받아들이기도 했다. 벌써 20년도 더 지난 일이지만, 나는 그 때의 일을 부끄럽게 생각하고 생각날 때마다 하나님께 용서해달라고 기도한다. 그래야 다시는 내가 불의를 따르지 않게 된다.

직장에서 그리스도의 제자들은 정의와 불의를 분별할 수 있는 지혜를 달라고 기도해야 한다. 불의는 매우 교묘한 방식으로 우리의 양심을 속인다. 회사 혹은 팀 혹은 동료의 생존을 위해서는 불법이나 탈법에 눈 감아야 할 것 같은 상황이 있을 수도 있다.

중견 회사 법무팀에서 근무하는 L 형제는 매년 한 리베이트 영업 문제로 골머리를 앓았다. 현행법상 리베이트를 지불하는 조건을 내걸고 영업하는 행위는 불법이지만 여전히 근절되지 않고 있는 실정이다.

형제는 이러한 영업 관행을 계속 지원해야 하는지 깊은 회의가 들어 퇴직해야 할지 말지 결정하기 위해 상담을 요청했다. 우리는 함께 기도했다. 형제는 퇴직 이후 생계를 위한 다른 대안이 없었다. 형제는 결국 회사에 남아 현실적으로 영업 관행을 개선하는 방안을 찾아보기로 했다.

불법을 보고 떠나는 결정은 가장 손쉬운 해결책이다. 그러나 그 직장에는 여전히 불법적인 영업 관행이 지속될 것이다. 그러한 관행을 고치기 위해 남아서 부단히 노력하는 것이 가장 어려운 결정이다. 누군가 남아서 그 문제를 해결해야 한다면, 그것은 그리스도인들의 몫이다.

우리도 지속적으로 불법적인 환경에 머물면 진리에 무디어진다. 우리 일이 단순 밥벌이로 전락된다. 이런 상황에서 우리는 지속적으로 기도해야 한다. 진리와 불의를 분별하고 불의를 이길 수 있는 능력을 주시도록.

그리스도인들은 그리스도께서 세상에 속하지 않은 우리들을 하늘로 데려가지 않고 의도적으로 세상 안에 남겨두셨다는 사실을 잊지 않고 기억해야 한다. 우리는 현실을 떠나지 말고 그 안에 남아서 현실을 변혁하라는 사명을 받았다. 이를 위해 우리는 기도하면서 하나님이 기뻐하시는 선하고 윤리적인 일을 해야 한다. 실현 가능한 대안을 위한 지혜와 용기를 달라고 끊임없이 기도해야 한다. 궁극적으로 우리는 자기 욕망에 이끌린 성공이 아니라 하나님의 뜻과 나라가 우리 직장에 임하도록 기도해야 한다.

일을 중단하고 안식하라

　신앙으로 직장 생활을 하면서 기도만큼 중요한 것은 안식이다. 안식은 바쁜 일에서 떠나 육체적인 쉼을 누리는 차원을 뛰어넘어 홀로 하나님과 깊은 교제를 나누는 예배 행위다. 하나님은 애굽을 탈출한 이스라엘 백성들에게 시내산 율법을 통해 "엿새 동안 일하고 일곱째 날에는 쉬라"고 말씀하셨다(출 34:21). 농사철에 아무리 바빠도 일곱째 날은 일을 중단하고 논밭에 들어가지 말고 쉬라고 하셨다. 출애굽기에는 안식일 계명이 다섯 번 나오는데 공통적으로 일곱째 날에는 반드시 일을 중단하고 쉬라고 명령한다.

　쉼을 요구하는 안식일 계명은 고달픈 노동자들에게 선택의 여지가 있는 '권유 사항'이 아니라 반드시 순종해야만 하는 '의무'이다. 출애굽기의 안식일 계명은 고달픈 육체를 쉬게 하라는 의미도 있지만(출 23:12), 하던 일을 중단하라는 의미가 지배적이다(20:10; 31:14; 34:21; 35:2-3). 안식하다는 히브리 동사 *샤바트*(שָׁבַת)는 구약성서에서 쉬다(rest), 중단하다(stop), 마치다(end) 등의 뜻으로 사용되고 있다. 그러나 출애굽기 안식일 명령에서는 중단하라는 의미가 강하다. 아무리 바빠도 쉬지 않고 일하는 행위는 하나님에 대한 불순종이다.

　하나님은 우리를 끊임없는 일로부터 해방시켜 하나님과 함께 안식하며 기쁨을 누리고 하나님을 찬양토록 우리에게 안식일 계명을 주셨다. 안식은 지속적인 노동을 위해 지친 몸을 달래는 수단이 아니다. 이런 생각은 노동을 천하게 여기는 아리스토텔레스식 사고방식이다. 성서적 관점으로는 노동이 안식을 위한 수단이다. 하나님은 일곱째 날에 안식하시고 창조를 마무리하셨다. 창조의 목적이 노동이 아니라 안식이라는 의미다.

안식에 관해 가장 아름다운 책 『안식』을 쓴 랍비 아브라함 헤셸은에서 안식의 의미를 이렇게 묘사했다. "평일의 노동과 일곱째 날의 안식은 상관성을 가지고 있다. 안식일이 영감을 주는 쪽이라면, 평일은 영감을 받는 쪽이다."[9] 안식일 안식을 누릴 때, 우리는 평일에 무엇을 위해 일해야 하는지 깨닫는다. 안식일은 쉬면서 놀고먹는 날이 아니다. 깊이 하나님을 묵상하며 하나님께 기도하며 하나님과 함께 하는 날이다. 안식은 우리 기도를 깊은 영적 수준으로 이끌어간다.

그리스도인들은 유대인의 안식일 대신 그리스도께서 부활하신 안식일 다음 날인 주일을 지킨다. 기독교회는 지난 2천년 동안 성도들에게 주일 성수를 강조해왔다. 비록 주일 성수 제도가 종교적 예배 형식에 대한 헌신으로 본래의 의미가 퇴색된 경향이 없지 않더라도, 성도들은 주일에 하나님을 예배하며 하나님의 말씀을 듣고 평일에 일터에서 어떻게 일해야 하는지 다시 생각하고 다짐해야 한다.

나는 여기에서 안식일과 주일의 차이에 대해 논하지는 않겠다. 유대교와 기독교는 일주일에 한 날을 정해서 그 날은 일을 중단하고 하나님을 예배하는 전통을 지켜왔다. 요즘은 주일에도 누군가는 일터에 나가 일해야 하는 복잡한 세상이지만, 교회는 여전히 성도들에게 주일 성수를 강력하게 권면한다. 대부분의 교단은 주일 성수를 성도들의 의무 사항으로 가르친다. 교회는 왜 요즘처럼 바쁘게 돌아가는 일상 가운데 하루를 꼭 일에서 떠나 쉬면서 예배를 드려야 한다고 말할까? 교회가 바쁘게 살아가는 성도들의 현실을 무시하고 시대에 뒤지고 있다고 비판받아야 할까? 안식하며 예배드리지 않게 되면, 우리는 살아계신 하나님과 만나 기도하는 기쁨을 잃어버릴 가능성이 매우 크다.

안식은 생명을 거는 예배 행위다

안식일 계명은 이스라엘의 출애굽 사건과 매우 긴밀한 관계를 가지고 있다. 이스라엘은 애굽에서 400년 동안 노예처럼 노동력으로 이용되었다. 요셉이 죽고 이스라엘 민족이 매우 빠른 속도로 증가하자 애굽의 바로는 그들을 두려워하여 혹독한 노동에 시달리게 했다. 이스라엘은 쉼 없이 일해야 했다. 그들은 바로의 종으로서 바로를 위해 봉사하는 노동에 동원되었다. 바로의 목적은 이스라엘 남자들의 숫자를 통제하여 세력 확대를 막으면서 동시에 지속적인 노동력을 애굽에 공급하도록 하려는 속셈이었다. 이 과정에서 이스라엘 남자들은 죽지도 살지도 못하는 한계지점에서 겨우 목숨만 부지하는 비참한 삶을 살아야 했다.

하나님은 노예 살이 하는 이스라엘을 구원하시고 십계명을 주시면서 엿새 동안 일하고 일곱째 날인 안식일에는 쉬라고 강력하게 명령하셨다. 이에 앞서 하나님은 광야에서 이스라엘에게 만나를 내려주시면서 평일에는 새벽마다 주워서 먹고 안식일에는 만나를 줍는 '노동'을 하지 말고 여섯째 날에 이틀 치를 주워서 안식일에 먹으라고 명령하셨다(출 16장).

안식일 계명에는 이스라엘의 생명은 하나님께 달려있다는 점을 가르치려는 하나님의 뜻이 담겨 있었다. 하나님이 안식일에 노동을 중지시킨 사건은 쉼 없이 중노동해온 이스라엘에게는 새롭고 놀라운 하나님의 은혜였다. 하루 일을 하지 않아도 그들의 생존에는 문제가 없었다. 심지어 하나님은 성막 건설을 명령하시면서도 안식일에는 어떤 일도 하지 말라고 하셨다(출 31:12~17; 35:1~3). 성막을 건설하는 일이 비록 하나님을 섬기는 일이기는 하지만 안식일에는 하지 말고 쉬라는 하나님의 간절한 마음이다.

애굽 왕 바로는 자신과 자기 나라를 위해 이스라엘을 종으로 부리는 '신의 지상 대리인'이었지만, 이스라엘의 통치자 하나님은 백성들에게 생명의 양식을 공급하고 그들을 '하나님의 지상 대리인'으로 특급 대우하셨다. 하나님은 이스라엘이 하나님과 함께 안식하며 기쁨을 누리는 삶을 살기 원하셨다.

하나님은 이스라엘에게 주신 안식일을 '네 하나님 여호와의 안식일'이라고 말씀하셨다(출 20:10). 이는 창조의 일곱째 날 하나님이 안식하신 사건을 떠올리면서 일곱째 날은 하나님이 모든 피조물들과 함께 안식의 기쁨을 누린 날로서 하나님이 안식일의 주인임을 강조하는 표현이다(출 20:11). 하나님은 안식일을 기억하고 지키라고 하셨다(출 20:8). 안식일의 주인이신 하나님을 잊지 말고 기억하며 예배하라는 뜻이다.

이스라엘이 안식일을 지키는 첫째 이유는 그들을 해방하시고 그들에게 먹을 것을 공급해주시고 그들의 주인이 되시는 하나님을 예배하는 것이다. 이 땅에서 존재하는 모든 순간들이 하나님의 은혜이며 하나님이 주관하신다는 사실을 기억하고 하나님께 영광을 돌리며 감사하는 우리의 믿음을 하나님은 안식일 명령을 통해 요구하신다.

안식일은 우리 생명의 근원이 하나님께로부터 오는 것이지 우리의 노력에 있는 것이 아니라는 사실을 반복적으로 기억하라고 하나님이 주신 날이다. 우리는 노예처럼 일하는 존재가 아니라 하나님의 은혜로 살아가는 존재라는 사실을 안식일 준수를 통해 몸으로 경험한다. 안식일은 우리에게 하나님과 함께 안식을 누릴 권리와 의무가 동시에 있음을 알려주는 날이다.

우리는 주기적으로 일을 중단하고 안식을 누려야 삶이 우리 노력이 아니라 하나님의 은혜 안에 있다는 사실을 깨닫는다. 일은 삶을 위한 하나의 조건이지 그 자체가 목적이 아니다. 일을 중단하지 않고 쉼 없이 살아가는 사람은 일의 의미를 잊어버릴 가능성이 매우 크다. 그는 일을 중단하라고 명령하시는 하나님을 인정하지 않는다. 일의 주인이 자기 자신이기 때문이다. 우리에게 일을 소명으로 주신 하나님이 그들의 마음에 없다. 말씀에 순종해 안식하면 일의 주인이 하나님이시라는 사실을 몸으로 깨닫는다.

쉼 없이 일을 지속하는 현대인의 일 중독증은 병리학적 현상일 뿐아니라 근본적으로는 영적 질병이다. 일중독 현상은 일밖에 모르는 개인의 성격 때문이 아니라 일하지 않으면 안 된다는 불안감에서 온다. 일은 곧 생존이라고 믿는다. 내 생존은 내가 해결해야만 한다는 자기중심성이다.

이렇게 일하면 결코 행복할 수 없다. 만족도 없다. 생존을 위해 강박적으로 일하면 자신의 삶이 파괴되고 가족들과 친구들과의 관계도 망가진다. 특별한 상황에서 일시적으로 일에 집중해야 하는 때가 있지만, 항상 쉬지 않고 일하는 생활이 지속되는 것은 결코 자신과 가족과 사회에 유익하지 않다.

하나님이 이스라엘을 애굽에서 해방하신 것은 바로가 그들의 마음을 지배하고 하나님 예배를 방해했기 때문이다. 쉼 없는 노동은 하나님 예배를 가로막는다. 대신 인간과 우상을 예배하게 한다. 안식을 누리지 못하는 노동은 우상숭배적 노동이다. 모세가 바로에게 이스라엘 백성을 광야로 나가게 해달라고 부탁한 유일한 이유는 하나님 예배였다. 그는 바로에게 "우리가 광야로 사흘길쯤 가서 우리 하나님 여호와께 제사를 드리려 하오니 가도록 허락하소서"라고 요청했다(출 5:3).

일은 인간의 생존을 전적으로 해결하는 전능자가 아니다. 일은 우리 생존에 필요한 일부분을 책임질 뿐이다. 일은 일 이외의 것들과 균형을 이룰 때, 우리 삶을 풍요롭게 한다. 일에서 재미와 의미를 찾으려면 일 이외의 삶을 누릴 수 있어야 한다. 아이러니컬하게도, 일의 의미는 일 안이 아니라 일 밖에서 찾을 수 있다. 우리가 일하면서 기도하는 이유도 일의 진정한 주인이며 의미를 주시는 분이 하나님이라고 믿기 때문이다.

일하면서 하나님께 예배를 드리려면 주기적으로 일을 떠나야 한다. 안식일 혹은 주일에 우리는 하루를 일에서 분리해 하나님께 바침으로써 우리의 존재가 하나님을 예배하는 '하나님의 형상'임을 기억한다. 또한 일은 세상에 하나님의 대리인으로서 생명을 번성하게 하는 하나님 나라 사역들 가운데 '하나'라는 사실을 잊지 않는다.

아브라함 헤셸은 안식일을 기억하는 유대인은 안식일 이후 사흘은 지나간 안식일의 축제를 기억하면서 지내고, 안식일 전 사흘은 다가올 안식일의 기쁨을 기대하며 지내게 된다고 말했다. 이러한 패턴을 일터 속 우리에게도 적용하면, 그리스도인은 주일에 누린 안식을 기억하며 수요일까지 일터에서 인내하고, 다시 다가올 안식을 기대하며 토요일까지 설렘 가운데 일한다.

그리스도인들은 하나님의 은혜에서 자신의 일이 하나님 나라와 뜻을 이 땅에 임하게 하는 소명이라는 사실을 믿고 실천한다. 그리스도인들은 예배와 기도와 묵상과 안식을 통해서 하나님의 은혜를 갈망

해야 한다. 바쁘고 힘든 우리의 일이 하나님의 은혜에 둘러싸여 있지 않으면 쉽게 악의 지배를 받는다. 하나님 안에서 우리가 하는 일은 자신과 타자에게 생명을 공급하는 선한 열매를 맺는다.

일상의 삶이 반짝거리고 윤택해지려면 안식을 연습하라

기도처럼 안식의 본질도 '시간'이 아니라 하나님을 만나는 '사건'이다. 삶에 빈 공간 없이는 안식을 누리기 어렵다. 일을 떠나야 일을 사랑하게 된다. 기도가 우리 마음을 번잡한 일상에서 분리해 하나님께 향하게 한다면, 안식은 우리의 몸을 일에서 분리시켜 하나님과 대면하게 한다. 하나님과 대면하지 않고 일에 담겨있는 영적 의미를 발견하고 실천한다는 것은 불가능하다.

매 주일 하루를 쉬며 교회에서 하나님을 예배하는 행위는 가장 중요한 안식 연습이다. 주일에 쉬며 드리는 예배의 중요성을 별도로 설명할 필요는 없다. 우리는 예배에서 누리는 안식 외에도 일상에서 안식을 누리도록 연습해야 한다. 일상의 안식이 많을수록 우리 삶이 반짝거리고 윤택해진다. 주일 안식을

> **안식은 하나님과의 만남**
> 기도처럼 안식의 본질도 '시간'이 아니라 하나님을 만나는 '사건'이다. 삶에 빈 공간 없이는 안식을 누리기 어렵다. 일을 떠나야 일을 사랑하게 된다. 기도가 우리 마음을 번잡한 일상에서 분리해 하나님께 향하게 한다면, 안식은 우리의 몸을 일에서 분리시켜 하나님과 대면하게 한다. 하나님과 대면하지 않고 일에 담겨있는 영적 의미를 발견하고 실천한다는 것은 불가능하다.

위해 주중 삶을 쉬지 않고 미친 듯이 바쁘게 살아서도 안 된다.

우리는 매일 안식을 누리는 연습을 해야 한다. 안식 연습을 통해 우리의 몸과 마음이 하나님을 향하게 된다. 안식 연습으로 일상의 삶이 영적 육체적 축복으로 충만해지는 것을 느낄 것이다. 하나님은 우리가 주말에만 안식하지 말고 주말 주중 가리지 않고 항상 하나님과 함께 안식하기 원하신다.

1. 퇴근 후 안식을 누려라

일터에서 퇴근한다는 말은 하루 일에 한계가 있다는 의미다. 퇴근 이후에는 과감하게 일을 떠나야 한다. 일을 생각하지 말고 가족들이나 다른 이웃들과 시간을 보내면서 일의 수고로움에서 벗어나야 한다. 타락한 세상에서 일은 아무리 소명으로 한다 하더라도 에너지를 소진시킨다. 일에서 받은 피로는 일을 떠남으로써 회복할 수 있다. 퇴근 후에도 사회관계망(SNS)을 통해 업무 연락을 하는 것은 직장 동료가 마땅히 누려야 할 안식을 빼앗는 악한 행위다.

노동 당국이 직장인들의 노동 시간을 줄이고, 퇴근 후 업무 연락을 자제하고, '칼퇴근'을 권장하는 정책을 만들고 집행하는 시도는 매우 바람직하다. 직장인들에게 저녁이 있는 삶을 보장하는 정책은 하루 종일 일터에서 고생한 사람들이 일을 떠나 일터 밖 이웃들에게 돌아가게 하는 제도적인 배려다.

직장인들이 잦은 회식으로 퇴근 이후에도 일에 관한 대화를 계속

하면 피로가 누적된다. 한국적 상황에서는 어쩔 수 없다 하더라도 업무적 연관성 속에서 이뤄지는 회식은 가능한 횟수를 줄여야 바람직하다. 업무는 업무 시간에 집중해야 훨씬 효과적이다. 직장 동료와 함께 퇴근 후 개인적으로 만날 때에는 회사 이야기만 하지 말고 사적인 삶에 대한 이야기를 나누며 서로를 인격적으로 더 깊이 이해하는 기회로 사용하는 것이 바람직하다.

퇴근 후에는 가능한 느슨하게 시간을 보내는 것이 좋다. 일터에서 긴장하고 집중하면서 보냈기 때문에 퇴근 후에는 몸과 마음을 풀어 주어야 한다. 투 잡 혹은 쓰리 잡을 하는 사람들은 하루 종일 쉴 시간이 없다. 워킹맘들은 일터에서 퇴근해 집으로 '출근한다.' 하루 종일 쉴 시간이 없으면 삶 자체가 일에 갇힌 감옥이 되어버린다.

퇴근 후 안식을 누릴 수 없는 환경에 처해 있다면, 하나님께 안식할 수 있는 환경을 달라고 기도하며 안식을 확보하기 위해 노력해야 한다. 마음의 욕심을 줄이거나 포기해야 한다. 맞벌이 부부는 서로 번갈아 안식을 누리도록 상대를 배려하고 시간을 조정해야 한다. 돈을 주고서라도 최소한도로 안식하는 시간을 확보해야 한다.

2. 묵상하며 잠깐의 안식을 누려라

가능한 자주 자신만을 위한 조용한 시간을 확보하여 쉬고 생각하면서 일을 떠나는 연습을 해야 한다. 직장 안에 있든 밖에 있든 일과 속에서 자투리 시간을 찾아서 즐겨야 한다. 인간은 관계적 존재이면서 동시에 독립적 존재다. 우리에게는 홀로 있는 시간이 절대적으로 필요하다. 그 시간에 자신이 지금 무슨 일을 하는지 돌이켜보라.

안식은 하나님 안에서 나의 존재를 확인하고 힘을 공급받는 은혜의 쉼이다. 하루 한 구절 말씀을 묵상하며 묵상한 말씀을 되새기는 습관을 들이도록 하라. 위로하시는 말씀, 능력 주시는 말씀, 권면하시는 말씀, 채찍질 하시는 말씀, 용서하시는 말씀 등을 일하는 틈틈이 떠올리면서 말씀에 자신을 맡기면 결과에 연연하지 않고 담대하게 일하는 능력을 얻는다.

한국의 근로기준법은 하루에 4시간 일하면 30분, 8시간 일하면 1시간의 휴식시간을 근로시간 도중에 부여하도록 정하고 있다. 직장인들은 이 시간에 식사와 휴식을 취한다. 이 시간에는 가능한 철저하게 일에서 자신을 분리시켜야 한다. 직장인들은 이 시간에 밥 먹고 커피 마시며 대화 나누며 쉰다. 이 시간은 자신을 위해 쓰는 시간이다. 그리스도인들은 이 시간을 아침에 묵상한 (혹은 묵상하지 못했던) 말씀을 다시 한 번 읽어보며 생각하는 기회로 이용하면 좋겠다.

사무실 책상이나 컴퓨터에 가족이나 친구 등 사랑하는 사람들의 사진이나 성경구절이나 경구, 성화(聖畵) 등을 붙여놓고 일하는 틈틈이 바라보는 것도 좋다. 이들을 바라보면 화가 나 있던 마음도 가라앉고, 일하는 목적과 의미를 자연스럽게 생각한다. 사진을 바라보면서 사랑하는 사람들 때문에 어려운 순간들을 이겨내고 힘을 얻는 경우가 많다. 사진이나 경구 등은 일을 일 이외의 세상과 연계시켜준다. 일하면서도 일에 갇히지 않도록 도와준다. 이러한 짧은 순간의 안식들이 반복될수록 유익하다.

모든 일에는 여백이 있어야 한다. 그러나 여백을 쾌락적인 유흥으로 가득 채워서는 안 된다. 일을 명령하신 하나님을 묵상하고 기도하고 찬양하며 감사하는 기회로 활용해야 한다. 그리스도인들은 바쁜 일과 속에서 자신들의 몸과 영혼을 잠시 일에서 분리시켜 하나님 앞에 세우고 하던 일을 점검하고 방향을 재정립하는 분리된 시간을 잠시라도 확보해야 한다.

그러나 구조적으로 영적, 육적 안식을 허락하지 않는 일터는 떠나기를 권유한다. 지속적으로 쉼 없이 일해야 하거나 안식을 방해하는 직장에 오래 머물러 있으면 영적 육적 건강이 심각하게 훼손된다. 우리는 기계가 아니라 연약한 질그릇 같은 인간이라는 사실을 인정해야 한다.

3. 서로 안식을 선물하라

우리는 안식의 기쁨을 적극적으로 타인과 함께 누려야 한다. 안식의 궁극적 목표는 하나님 안에서 축제의 기쁨을 누리는 것이다. 유대인들은 금요일 일몰부터 시작하는 안식일을 식탁 축제로 맞이한다. 이 시간에는 일주일 동안 흩어져 살던 가족들이 모이고 친구들과 지인들을 초청해 즐거운 대화를 나누면서 한 주일 동안 은혜를 베풀어주신 하나님께 감사한다.

안식일 혹은 주일은 예배라는 종교적 예식만 있는 날이 아니다. 안식일은 식탁의 축제, 말씀의 축제, 기도의 축제, 사랑의 축제, 찬양의 축제가 충만한 날이다. 안식일(주일)에 만끽하는 안식은 우리가 하나님과 함께 누리는 기쁨과 평화의 즐거움이다. 우리 삶은 안식일 안식을 경험하면서 일의 수고에서 벗어나 행복의 감사로 전환된다. 안식일에는 근심 걱정으로 찌푸린 얼굴을 활짝 펴고 웃는 연습을 해야 한다. 이 날은 만나는 사람들이 서로를 웃도록 해주는 날이다.

지혜로운 그리스도인들은 가정이나 밖에서 자주 축제적 즐거움이 풍성한 식탁 교제를 즐긴다. 이것은 하나님이 우리에게 주시는 은혜의 선물이자 의무다. 이 교제에서는 일방적인 훈계나 비난이 없어야 한다. 식탁에서는 상대의 존재를 있는 그대로 인정하고 '감사' '축복' '칭찬' '격려' '위로'의 말들이 오가도록 한다.

안식의 식탁에 초대받은 모든 사람들은 하나님의 용서와 은혜가 필요한 사람들이다. 우리의 일상적인 식탁이 항상 이런 긍정적이고 행복한 언어들로 충만했으면 좋겠다. 이것이 우리를 향한 하나님의 마음이다. 우리는 식탁 교제를 통해 서로를 향해 안식을 선물한다. 이러한 식탁 교제에서 사람들은 자신이 사랑받고 있는 존재라는 사실을 확인한다.

안식일(주일) 외에도 생일, 합격, 입사, 퇴사, 결혼 등 각종 기념일을 그냥 넘겨서는 안 된다. 기념일에 쓰는 축하엽서는 우리의 관계를 축복 속에서 성장하게 해준다. 일터에서도 동료들의 기념일을 챙겨

주면 상대는 배려와 관심을 받는다는 메시지를 통해 행복을 느낀다. 감사의 마음을 담은 감사 편지도 안식의 기쁨을 준다. 이러한 작은 일들이 일터의 긴장을 누그러뜨리고 평화롭게 한다.

그리스도인들이 먼저 사무적이고 치열한 일터에서 안식의 즐거움을 선물하는 일에 앞장서면 좋겠다. 스트레스로 충만한 직장 분위기를 자주 이완시켜 상대의 존재를 인정하고 축복하면 내 자신이 안식을 누린다. 이웃의 안식 없이 나의 안식도 없다. 하나님의 안식은 관계적이며 공동체적이다. 일터와 가정에서 우리가 마련하는 크고 작은 축제 행사들은 이웃들을 사랑으로 봉사할 수 있는 여유를 제공한다.

4. 여행을 떠나라

안식의 기쁨을 가장 많이 느낄 수 있는 방법은 여행이다. 주말이나 연휴 혹은 연월차 휴가를 이용해 홀로 또는 가족들과 또는 친구들과 함께 일상적인 공간을 떠나 전혀 다른 곳으로 떠나라. 물론 예배를 방해할 정도로 여행을 떠나는 것은 바람직하지 않다. 그러나 불가피한 이유로 여행을 가야 하고 여행지에서 예배할 수 있다면, 교회는 성도들의 여행을 무조건 제약해서도 안 된다.

여행은 하나님이 자신의 피조물들에게 주시는 멋진 선물이다. 서울대 행복연구센터장 최인철 교수는 여행이 사람들에게 최고의 행복감을 준다고 말한다. 사람들은 일상에서 먹고, 수다 떨고, 산책하고, 관계를 맺을 때 행복감을 느낀다. 여행에는 이러한 행복 요소들이 다

들어있다. 사람들은 본능적으로 여행을 즐거워하고 소망한다.

   그리스도인들은 여행이 단지 스트레스를 풀고 새로움을 경험하는 또 다른 '일'이 되지 않도록 조심해야 한다. 여행은 사람들에게 육체적 즐거움을 줄뿐 아니라 영적 즐거움도 준다. 그리스도인들은 여행을 통해 일상에서 경험하지 못한 아름답고 웅장한 자연과 사람들의 새로운 세상, 다양한 문화, 맛있는 음식, 우정과 사랑의 대화를 맛보면서 하나님의 창조 세계가 다양하고 풍성하고 아름답다는 사실을 깨닫고 경탄한다. 믿음으로 하는 여행은 하나님에 대한 감사와 경탄과 사랑으로 가득 찬다.

   여행을 통해 안식을 누리기 위해 그리스도인들은 육체적인 쾌락을 즐기려는 욕망을 줄이고, 하나님의 은혜 안에서 편안함과 즐거움을 누리도록 해야 한다. 하나님이 여행길에 주시는 은혜의 선물을 기대하는 마음으로 떠나야 한다. 여행은 일상에서 만날 수 없던 자연과 사람들을 만나 안식의 기쁨을 함께 누리는 기회이기도 하다.

   여행은 방랑이 아니다. 방랑은 돌아갈 곳이 없는 떠남이고, 여행은 돌아갈 곳이 있는 떠남이다. 일을 떠나 여행하는 사람은 다시 일로 돌아온다. 일에서 떠나 여행하는 동안 우리는 무엇을 위해 어떻게 일을 하고 있는지를 돌아볼 수 있는 소중한 기회를 얻게 된다. 여행에서 하나님의 은혜를 경험한 사람은 일에서도 하나님의 은혜를 기다린다.

   안식과 일이 이렇게 서로 조화를 이룰 때, 일상적 일은 비록 피곤하고 수고로울지라도 소명의 일이 된다. 이처럼 일의 의미는 일 자체 안에서 발견하는 것이 아니라 일 밖에서 주어진다. 일을 명령하신 하나님은 또한 일을 중단하라고 명령하신다. 하나님은 일의 주인이시다.

다니엘, 위험한 일터에서 목숨 걸고 기도하며 승리하다

　다니엘은 다리오 왕 시대에 하나님이 주신 지혜로 바벨론의 어떤 신하들과 박사들과 술사들보다 뛰어난 능력을 가진 총리였다. 유대인 포로 출신 다니엘이 승승장구하는 것을 시기하던 바벨론 관리들은 다니엘을 제거하기로 모의했다. 그들은 다니엘이 매일 하나님께 기도하는 습관을 이용하기로 하고 다리오 왕에게 탄원했다. "앞으로 30일 동안 왕 이외의 그 어떤 신이나 사람에게 무엇을 구하는 사람은 사자 굴에 넣는 금령을 반포하십시오"(단 6:7). 아무것도 모르는 다리오 왕은 조서에 도장을 찍어 온 나라에 반포했다. 다니엘이 일하던 궁정은 시기와 질투와 음흉함으로 가득 차 있던 위험한 곳이었다. 우리 직장도 이와 비슷하지 않은가?
　다니엘은 왕이 조서에 도장을 찍은 사실을 알고도 집에 돌아가서 매일 해왔던 습관에 따라 윗방에 올라가 예루살렘을 향한 창문을 열고 무릎을 꿇고 기도했다. 유대인들은 저녁 아침 정오 등 하루에 세 차례씩 예루살렘을 향한 기도를 드렸다(시 55:17).

다니엘은 자신의 기도를 감추기 위해 은밀한 곳에서 기도할 수 있었지만 의도적으로 창문을 열어놓고 다 보라는 듯이 기도했다. 그는 자타가 공인하는 기도하는 하나님의 사람이었다. 자기 지혜와 능력이 하나님께로부터 나온다는 사실을 그는 체험하고 믿었기 때문에 위험을 피하기 위해 기도를 멈출 수 없었다. 다니엘은 기도하면서 하나님께 감사했다(단 6:10).

다리오 왕은 관리들의 꾐에 빠진 자신의 어리석음을 한탄하고 다니엘의 하나님이 그를 구원해주실 것을 기원했다. 하나님은 다리오 왕과 다니엘의 기도를 들어주셨고, 사자 굴에서 다니엘을 구원해주셨다. 다리오 왕은 다니엘을 모함했던 관리들을 사자 굴에 던져 사자밥이 되게 하셨다. 다리오 왕은 다니엘의 기도와 하나님의 구원을 이렇게 찬양했다.

"내가 이제 조서를 내리노라 내 나라 관할 아래에 있는 사람들은 다 다니엘의 하나님 앞에서 떨며 두려워할지니 그는 살아 계시는 하나님이시오 영원히 변하지 않으실 이시며 그의 나라는 멸망하지 아니할 것이요 그의 권세는 무궁할 것이며 그는 구원도 하시며 건져내기도 하시며 하늘에서든지 땅에서든지 이적과 기사를 행하시는 이로서 다니엘을 구원하여 사자의 입에서 벗어나게 하셨음이라"

다니엘 6장 26~27절

일터는 종종 악의 권세들이 지배한다. 그리스도인들은 악의 권세가 자신의 능력을 초월할 때 짓눌리고 두려워한다. 악의 권세 아래 굴복하기도 한다. 그러나 다니엘은 기도를 통해 자신의 마음을 하나님께 드림으로써 악한 세상과 타협하지 않고 하나님의 구원을 간구하면서 순교의 자리로 나갔다. 하나님은 그를 구원하셔서 다리오 왕과 온 나라에 하나님의 능력을 드러내셨다.

다니엘은 시기와 모략과 반역이 난무하는 일터에서 매일 변함없이 하나님께 기도하며 하나님의 소명에 충실했다. 우리는 다니엘처럼 기도할 때 구원하시는 하나님의 능력을 체험할 수 있다. 기도는 모든 순간에서 하나님의 은혜를 경험하기 위한 전제 조건이다.

영적 훈련으로 일하라

그리스도인들은 아무리 바쁜 일과 속에서도 가능한 자주 하나님께 기도해야 한다. 중요한 일을 앞두거나 사람들을 만날 때 하나님께 기도하여 지혜를 간구해야 한다. 하나님은 우리 기도를 통해 우리 일 안으로 들어오셔서 우리 일을 통치하신다. 하나님은 악한 직장 문화 속에서도 선한 열매를 맺으신다.

하나님은 직장에서 우리를 악에서 구원하시면서 하나님이 세상의 유일한 통치자이심을 세상 사람들이 인정하도록 하신다. 기도는 우리를 악에서 구원하는 힘이다. 기도를 통해 우리는 하나님이 기뻐하시는 선한 일과 하나님이 진노하시는 악한 일을 구분하는 능력을 얻는다. 하나님은 우리 기도를 통해 자기 이름을 거룩하게 하시는 지혜로운 구원의 길을 열어주신다. 기도하는 그리스도인들은 자기 일이 하나님의 일이 되게 한다.

그리스도인들은 주기적으로 일을 떠나 하나님과 안식하며 하나님을 예배해야 한다. 안식 안에서 우리 기도는 영적으로 깊어진다. 일을 떠나야 일의 의미를 발견한다. 우리는 일하는 존재로 창조되었지만, 일이 우리가 살아가는 목적은 아니다. 일은 하나님 나라를 이 땅에 임하게 하는 하나의 도구에 불과하다. 우리는 일을 주기적으로 떠남으로써 일이 하나님 안에 머물도록 해야 한다.

그리스도인들은 기도하고 안식함으로써 일이 우상이 되지 않고 하나님이 세상을 통치하는 수단으로 활용되게 한다. 그럼에도 불구하고 우리는 우리의 연약함으로 인해 소명으로 보냄 받은 일터 현장에서 자꾸 머뭇거린다. 그리스도인들이 기도하고 안식하며 소명으로 일하기 위해선 또 다른 자세가 필요하다. 우리를 환영하지 않는 세상을 대할 때 우리는 오래 인내해야 한다. 이제 어떻게 인내할 수 있는지 다음 장에서 살펴본다.

일터신앙

Listen
Love
Pray
Endure

제4장
인내하라

종말론적 소망으로 일하기

한계와 모호함 안에서 소명의 길을 걷다

소명의 길은 단순하지도 쉽지도 않은 길이다. 소명의 길은 복잡하기 짝이 없는 일터 현실 속에서 우리의 한계와 싸우며 우리 자신을 확장해 가는 길이다. 소명은 어떤 완성된 목표에 도달하라는 명령이 아니라 믿음으로 하루하루를 살아가라는 격려이며 지혜의 말씀이다. 단기적 결과와 평가에 익숙한 현대인들에게 긴 호흡으로 순례자의 길을 걸어가기를 요청하는 소명의 삶은 익숙하지 않은 라이프 스타일이다.

전쟁터 같은 일터에서 소명으로 일하기는 더욱 더 어렵다. 각자 자기 이익 챙기기에 익숙한 문화에서 타인의 유익을 구하는 삶은 낯설 뿐 아니라 위험하기도 하다. 그래서 어떤 그리스도인들은 세속적인 현실 속에서 거룩한 소명을 감당하기에는 자신의 믿음과 용기가 부족하다고 느낀다.

'소명'이라는 신학적 용어가 부담스럽게 느껴지기도 한다. 심지어 소명으로 살지 못한다는 자책감을 주기도 한다. 20세기 중반부터 신학계에서 불기 시작한 세계관 운동, 공공신학, 평신도신학, 일터신학, 노동신학 등은 일상을 하나님이 주신 소명으로 살아야 한다고 지속적으로 강조해왔다. 그렇다고 그리스도인들이 일터와 같은 공적 영역에서 소명을 실천하기가 더 쉬워지지도 않았다. 여전히 소명의 삶은 멀고 어렵게만 느껴진다. 일터에서 '소명'이란 개념이 발견된 지도 500년이 지났지만 여전히 많은 그리스도인들에게 생소하게 들린다.

그 오랜 세월이 흘렀는데 이 개념은 왜 이렇게 여전히 어려울까? '소명'이란 단어의 정의 자체가 우리를 어렵게 하는 것은 아닐까? 『소명』이란 책으로 유명한 오스 기니스는 소명을 "하나님이 우리를 그분께로 부르셨기에, 우리의 존재 전체, 우리의 행위 전체, 우리의 소유 전체가 특별한 헌신과 역동성으로 그분의 소환에 응답하여 그분을 섬기는 데 투자된다는 진리"라고 풀이한다.[1]

이 정의에서 소명으로 살아가는 삶이란 매 순간 하나님의 부르심에 '특별한 헌신과 역동성'으로 응답하는 삶이다. 이 정의에 따르면, 사람에 따라서는 소명으로 살기보다는 그렇지 못한 시간이 더 많을지도 모른다. 실제로 그리스도인들은 '특별한 헌신과 역동성'이란 표현에서 신앙적으로 어떤 각별한 열매를 바쳐야 한다는 부담감을 느낀다. 하지만 그리스도인들도 일터에서 완벽할 수 없다. 특별하게 드려지는 소명의 삶에는 '특별한' 열매가 없을 때도 많다. 그것이 그리스도인의 삶의 현실이다. 안타깝게도 이 때문에 그리스도인 상당수는 자신이 소명의 삶을 살지 못하고 있다는 자책감에 시달리기도 한다.

소명이라는 신학적 개념을 아는 것과 소명을 실천하는 것이 항상 비례하지는 않는다. 소명의 개념을 잘 이해하는 그리스도인은 그 사명을 실행하는 바른 길을 걸을 수 있다. 그러나 앎은 항상 실천을 보증하지 않는다. 소명의 삶을 안다고 해도 그렇게 실천하지 못하는 경우가 많다. 그러다보니 일반적인 그리스도인들에게 소명론은 자칫 두려움과 좌절과 죄책감만 안겨주기 십상이다. 현실을 살아가는 모습이 '소명 받은 자가 마땅히 살아야 하는' 기준에 미치지 못한다고 여겨지면 소명론은 그냥 마음만 힘들게 하는 개념일 뿐이다.

소명의 삶을 살려면 행동하는 용기와 능력이 있어야 한다. 소명에 대해 많은 것을 알고 있다고 해서 이러한 용기와 능력이 자연적으로 생기지는 않는다. 예수님의 제자들이 3년 동안 예수님을 따라다녔지만 십자가 앞에서 모두 달아난 사건은 믿음과 소명의 삶이 무엇인지를 상징적으로 설명한다.

예수님은 제자들에게 자신의 증인이 될 것을 당부하시면서 "오직 성령이 너희에게 임하시면"이라고 조건 혹은 약속을 제시하셨다(행 1:8). 제자들은 성령 세례를 받고난 뒤에야 비로소 담대하게 복음을 세상 끝까지 전했다. 마찬가지다. 직장에서도 성령을 충만하게 받지 않으면 그리스도인들이 담대하게 소명으로 살아가기는 어렵다.

일상의 세밀한 상황에서 무엇이 소명어린 판단인지 애매하고 불분명한 것 역시 오늘 우리의 소명의 삶을 힘들게 한다. 사탄이 배후 조종하는 영적 싸움은 둘째 치고, 이해관계가 서로 다른 사람들이 공동으로 인정할만한 소명의 삶을 제대로 구별하기란 힘들다. 소명실천의 구체적 내용에 대해 서로 입장이 다를 수 있다. 현대의 일상이란 그렇게 늘 항상 명쾌하지 않다. 오히려 모호함으로 가득 차 있다.

문재인 정부가 들어선 지 얼마 되지 않은 2017년 여름에 카드 회사에 다니는 S 형제가 고민을 털어놓았다. 정부가 카드수수료 인하를 업계에 요구하자, 회사는 줄어드는 수수료 수입을 상쇄하기 위해 고리(高利) 대부사업을 계획하라는 지시를 내렸다. 형제는 신앙인으로서 혼란스러워했다. 카드수수료 인하는 카드를 사용하는 모든 소비자들에게는 유익이 되겠지만, 고리 대부사업은 경제적 약자들을 더욱 힘들게 하는 악성 사업이기 때문이었다.

임금 인상을 가능한 줄여서 오랫동안 고용을 가능하게 하려는 경영자 측과 최대한 임금 인상을 얻어내 현재의 복지를 향상시키려는 노동자 측이 대립할 때, 혹은 최저임금을 올리려는 정부와 당장 인건비 인상으로 생존을 걱정해야 하는 영세자영업자들이 대립할 때, 어떤 결정이 기독교적 소명에 합당하다고 단언할 수 있는가?

정리하자면, 기존의 기독교 소명론은 이렇게 디테일한 현실 문제들에 답을 내려주기가 어렵다. 기존의 소명론이 신앙의 확신 정도에 따라 수행하는 '특별한 헌신과 역동성'의 열매라고만 이해하기 때문이다. 종교개혁자들의 소명론을 현대화시켰다고 평가받는 오스 기니스의 소명론은 사실 이런 현실 문제를 충분히 이해하고 있다. 그럼에도 그가 내린 소명에 대한 정의 역시 이런 결과론적 함정을 피하기가 어렵다.

이 문제를 해결하려면, 소명을 어떤 완성된 신앙행위가 아니라 삶에 새로운 방향을 제시하고 그 길을 걸어가도록 격려하는 과정으로 이해해야 한다. 그래야 소명은 우리에게 부담과 죄책감이 아니라 시행착오 속에서 부단히 새로워지려는 노력으로 다가오게 된다. 소명을 하나의 과정으로 이해하는 것은 커 보이기만 하는 이상과 현실의 격차를 실제적으로 줄이게 된다. 제프 고인스는 『일의 기술』

> **소명은 부단히 새로워지는 과정**
> 소명을 어떤 완성된 신앙행위가 아니라 삶에 새로운 방향을 제시하고 그 길을 걸어가도록 격려하는 과정으로 이해해야 한다. 그래야 소명은 우리에게 부담과 죄책감이 아니라 시행착오 속에서 부단히 새로워지려는 노력으로 다가오게 된다. 소명을 하나의 과정으로 이해하는 것은 커 보이기만 하는 이상과 현실의 격차를 실제적으로 줄이게 된다.

에서 소명론의 문제를 해결하기 위해 소명을 완성이 아닌 과정으로 이해해야 한다고 제안했다. 그는 심지어 소명으로 하는 일에는 실패가 없을 것이라는 일반적인 기대와 달리 소명(혹은 천직)은 실패를 통해 발견할 수 있다고 주장한다.[2]

고인스는 신학적 인문학적 언어가 아닌 수많은 사람들의 경험적 삶을 들여다보면서 현대적 일터 현실 속에서 소명의 삶을 규명하려 했다. 그는 소명이란 일상의 삶이 우리 자신에게 들려주는 소리에 귀를 기울이고 노력하는 과정에서 비로소 얻게 되는 자기 발견이라고 말한다. 그에게 소명이란 어느 순간 하늘로부터 떨어진 계시의 섬광이 아니라 부단히 땀과 눈물을 흘려야 하는 노력 속에서, 그것도 불가피하게 경험해야 하는 수많은 시행착오 속에서 발견하는 자기 삶의 궤적이다. 소명을 삶의 과정으로 이해하는 고인스는 청교도들이 제시하는 원리들처럼 '객관적' 혹은 '과학적'으로 추구하는 소명에 대한 전통적인 생각과 자세에 수정이 필요하다고 주장한다.

소명을 과정으로 이해하면, 그리스도인들은 무엇이 소명어린 판단인지 분별하기 어려운 모호한 일터 현실에서도 하나님이 주신 소명을 발견하고 실천하려는 노력을 멈추지 않을 것이다. 주어진 모호함 속에서도 그리스도인들은 두려움의 머뭇거림과 소명의 도전이 끝없이 반복되는 변주곡을 연주하게 될 것이다.

예수님은 어느 누구보다 소명에 관련된 자의식이 강한 분이었다. 그러나 예수님은 하나님께로부터 얻은 확신 가운데에서도 사역을 시작하는 순간부터 마치는 시간까지 세상의 비판과 박해를 경험해야 했다. 한 때 제자들은 예수님의 십자가 죽음을 '소명의 실패'로 받아들였다. 그러나 예수님의 부활은 그들의 인식을 뒤바꿔놓았다.

소명의 삶이 옳고 그른지를 단계마다 평가하려는 시도는 매우 위험하다. 우리가 소명의 삶을 제대로 살았는지는 삶이 끝나봐야 정당하게 평가받을 수 있다. 우리는 타자의 생명이 풍성하고 번성하도록 그리스도 안에서 사랑으로 봉사하라는 소명을 받았다. 이 소명은 세속적 삶에 익숙해 있는 우리에게 전혀 새로운 삶의 방향을 제시한다. 그리고 진리가 모호해 보이는 현실을 뚫고 끝까지 그 길을 완주하도록 우리를 격려하고 이끌어준다. 중요한 것은 우리의 소명이 언제든지 우리 자신의 부족함과 현실적 모호함 가운데서 한계에 부딪힐 수 있음을 겸손하게 인정하는 것이다.

소명은 믿음과 함께 형성되어간다

고인스가 주장한대로 소명을 특별한 계시가 아니라 과정 속에서 발견하는 삶의 궤적으로 이해하면, 우리는 소명을 어떤 완성된 상태가 아니라 믿음과 함께 자라나는 깨달음으로 정의해도 무방하다. 입사 초기에 어렴풋하게 알았던 소명 의식은 퇴사할 때쯤 되면 훨씬 더 분명하고 실제적으로 나가온다. 그리스도 안에서 믿음이 성장하고 일터에서 경륜이 쌓이면서 그리스도인들은 자신이 하는 일이 하나님과 이웃들에게 어떤 의미를 가지고 있으며 어떤 영향을 미치고 있는지를 더 잘 이해하게 된다. 또한 모호했던 일터 현실에서 소명을 점점 더 실질적으로 실천하게 된다. 소명은 한 순간에 완성된 채로 주어지는 법이 없다. 그리스도 안에서 믿음과 함께 형성되어갈 뿐이다.

우리 믿음은 짧은 인생에도 불구하고 지속적으로 자라간다. 고대 교회 교부 이레니우스는 한순간에 진리를 깨달을 수 있다고 가르치는 영지주의자들을 반박하면서, 아기로 태어난 그리스도가 지혜가 자라갔던 것처럼(눅 2:52), 우리도 죄에서 구원받아 하나님의 영광에 이르고 주님을 바라보며 완전한 인간으로 꾸준히 성장해 가야 한다고 강조했다.[3] 사도 바울은 그리스도의 몸인 교회의 소명은 교회의 지체들인 그리스도인들이 서로 연합하여 모든 일에 그리스도에게까지 자라는 것이라고 말한다(엡 4:15~16). 이와 같이 하나님으로부터 받은 일터 소명에 대한 우리의 의식도 그리스도 안에서 자라난다.

젊은이들이 처음부터 소명으로 무장하고 취직하는 경우는 거의 드물다. 루터가 직업 소명론을 처음 가르친 중세 후기 시대 사람들은 부모의 일을 물려받는 경우가 대부분이었지만, 현대인들은 자신에 맞는 직장을 스스로 선택한다. 그러나 요즘처럼 좋은 일자리를 얻기 어려운 시대에 소명에 합당한 직장을 찾아 골라가는 청년들을 보기 어렵다. 그러니 힘든 취직 준비 끝에 겨우 일자리를 얻은 그리스도인들에게 일터 소명 의식은 안정된 생존 기반을 확보하고자 하는 욕구에 뒤로 밀리기 일쑤다.

새로 주어진 업무를 익히고, 새로 만난 동료들과 관계를 형성하는 과정은 상당한 시간이 걸린다. 시간이 지나면서 그리스도인들은 자신이 하는 일이 믿음 안에서 어떤 의미를 갖고 있으며 직장에서 만나는 여러 종류의 사람들을 어떻게 사랑해야 하는지 질문하고 답을 찾으려 노력한다. 그렇다고 모든 그리스도인들의 소명 의식이 자연스럽게 발생하고 자란다고 말하기는 어렵다. 우리 믿음이 세례를 받은 이후 자기를 부인하고 그리스도를 닮아가기 위해 부지런히 자기 십자가를 짊어지는 노력을 통해 성숙해지는 것처럼, 일터 그리스도인들의 소명 의식 또한 거칠고 세속적인 일터 속에서 하나님의 부르심에 순종하기 위해 고민하고 노력할 때에 조금씩 자란다.

교회가 아닌 일터에서 예수님의 명령에 따라 내 이웃을 사랑하며 일하기 위해서는 특별한 노력이 필요하다. 비그리스도인들이 하지 않아도 되는 노력을 그리스도인은 수고롭게 더 해야 한다. 그리스도인들의 소명 의식은 법적 구속력이 아니라 신앙적 자발성에 근거한다. 일터 그리스도인들은 다른 동료들에 비해 특별하고도 세심한 노력이 필요하다.

> **소명은 고민하고 노력하는 가운데 자란다**
> 우리 믿음이 세례를 받은 이후 자기를 부인하고 그리스도를 닮아가기 위해 부지런히 자기 십자가를 짊어지는 노력을 통해 성숙해지는 것처럼, 일터 그리스도인들의 소명 의식 또한 거칠고 세속적인 일터 속에서 하나님의 부르심에 순종하기 위해 고민하고 노력할 때에 조금씩 자란다.

나는 앞에서 일터 그리스도인들의 소명은 이웃을 사랑함으로써 그들의 생명이 번성하도록 봉사하는 것이라고 정의했다. 사랑은 상대를 가르쳐 바꾸려는 태도가 아니라 상대를 있는 그대로 받아들이는 포용에서 시작된다. 하나님이 인간이 되어 우리에게 오셔서 사랑을 보여주신 것처럼(요일 4:10), 우리도 일터에서 그리스도의 사람으로 이웃에게 먼저 다가가 그들을 사랑한다. 그런데 이 사랑을 방해하는 일차적 원수는 바로 자기 자신이다. 생존 경쟁 한 가운데 있는 일터에서 이웃을 나의 성공에 방해되는 경쟁상대로 대하면 이웃을 있는 그대로 수용하고 내 자신을 이웃에게 내어주는 사랑을 실천하기 어렵다.

독일 총리 메르켈은 2015년 9월 스위스 베른 대학교 강연에서 이슬람 세력이 유럽에 확산하는 현상을 우려하는 한 학생의 질문에 이렇게 대답했다. "이슬람 현상에 대해 두려움으로 대응하면 안 됩니다. 두려움은 진실을 가립니다. 우리는 우리의 전통에 더 깊이 들어가고 우리가 더 많은 성경적 기반을 갖추기 위해 더 열심히 교회에 나가야 합니다." 메르켈은 유럽 기독교인들이 무슬림들을 경쟁자로 바라보기 보다는 도움이 필요한 이웃으로 받아들이기 위해 더 열심히 기독교 신앙을 갖도록 노력해야 한다고 지적했다. 메르켈은 유럽 기독교인들의 믿음이 식으면서 이웃 사랑이라는 그리스도인의 소명이 사라져가는 현상을 우려했다. 메르켈의 우려는 점점 더 현실이 되고 있다. 우리는 믿음의 노력을 기울이지 않으면 그리스도가 주신 소명을 소홀히 여긴다.

 소명으로 살아가려는 그리스도인에게 일터는 타인과 싸우기 이전에 자기 자신과 싸우는 영적 전쟁터다. 일반 직장에서는 사람보다 이윤 추구와 같은 객관적 목표 달성을 우선하는 합리성의 원리가 통용된다. 합리성의 원리가 지배하고 통제하는 일터 현실에서 이웃을 사랑으로 대하는 행위는 우선순위에서 밀려나기 일쑤다. 그리스도인들은 합리성의 원리에 대항해 사람을 앞세우거나 균형을 맞추려는 노력을 의식적으로 해야 한다.

 일터 소명은 그래서 일회적인 신앙 고백이나 하나님의 계시, 신앙적인 방법론을 통해 어느 순간 명쾌하게 깨닫고 획득되지 않는다. 소명은 모호하고 자기중심적인 일터에서 세상적인 문화에 휩쓸려가지 않기 위해 자기 자신과 부단히 싸우는 과정에서 얻어진다. 소명은 수없이 많은 시행착오를 겪으

> **소명은 신실한 그리스도인에게 주시는 하나님의 선물**
> 소명은 세상 한 가운데 있는 일터에서 그리스도와 함께 성령의 도움으로 하나님의 말씀에 순종하려는 의식적이고 지난한 과정을 성실하게 인내하는 사람들에게 주어지는 삼위일체 하나님의 특별한 선물이다.

제4장 인내하라

며 조금씩 우리 안에서 발견되고 자라난다.

우리는 일터에서 그리스도를 바라보며 그리스도를 닮아가려는 믿음의 노력 속에서 그리스도의 제자로 형성되어가는 과정에 있다. 소명은 세상 한 가운데 있는 일터에서 그리스도와 함께 성령의 도움으로 하나님의 말씀에 순종하려는 의식적이고 지난한 과정을 성실하게 인내하는 사람들에게 주어지는 삼위일체 하나님의 특별한 선물이다.

소명은 종말론적 소망 안에서 인내하며 자란다

소명이 믿음과 더불어 자라는 것이라면 그것은 과연 어떻게 자랄까? 소명은 종말에 대한 소망 안에서 믿음과 함께 자라난다. 우리 자신의 연약함과 모호한 현실을 뚫고 우리의 믿음과 소명이 함께 자라도록 만들기 위해 우리는 종말에 대한 소망을 가지고 있어야 한다. 그리스도인들에게 종말에 대한 소망은 신앙에 적대적인 현실을 극복하는 가장 강력한 수단이다.

소명으로 실현하려는 미래적인 하나님 나라와 여전히 죄의 지배 아래 살아가는 세상 속 현재를 가장 잘 압축하여 표현한 용어가 '종말(eschaton)'이다. 세상의 구원을 의미하는 하나님 나라는 그리스도의 오심으로 '이미(already)' 세상에 드러났지만 '아직(not yet)' 완성되지 않았다. 미래에 도래할 하나님 나라는 그리스도를 통해 이미 이 땅에 계시되어 우리가 부분적으로 경험하지만, 종국에 그리스도의 재림으로 완전하게 펼쳐질 것이다. 지금은 악의 도전을 받고 있는 하나님 나라가 종말에는 악의 세력이 범접하지 못하는 나라가 될 것이다. 그리스도인은 '이미'와 '아직' 사이에 존재하고 있다. 신학자들은 이러한 우리의 현실을 종말론적 실존이라고 말한다.

그리스도인들이 일터에서 매일 경험하는 악의 세력은 하나님 나라가 그리스도의 재림으로 이 땅에 완성될 때 이르러 눈을 씻고 찾아도 보이지 않게 될 것이다. 우리는 하나님 나라를 이미 맛보았지만 아직 완성되지 않은 현실 속에서 살아가고 있다. 지금은 우리가 아무리 열심히 소명으로 일하려 해도 희미하게 보이고 부분적으로 알지만, 그 때에는 우리의 소명을 완전히 이해하고 성취한다(고전 13:12). 우리의 사랑은 아직 부분적이지만 종말에는 완전해진다. 이는 우리의 소명이 주님이 다시 오실 때까지는 자라는 과정에 있다는 뜻이다. 종말이 오기 전까지 우리의 소명은 종말론적 실존 안에서 부분적으로만 실현되는 한계 안에 있다.

기독교 종말론은 흔히 역사의 마지막 날들에 일어날 사건들에 관한 이론으로 알려져 있다. 그러나 종말론은 미래의 사건에 국한되지 않고 종말론적 실존 안에 머물고 있는 오늘 우리들에게 깊은 영향을 끼친다. 종말론은 미래에 일어날 구원의 완성을 소망하는 오늘의 그리스도인들이 모호해 보이는 현실을 새롭게 바라보며 선한 삶을 살도록 동기를 부여한다. 종말에 일어날 일을 믿고 기대하는 그리스도인들은 종말의 구원에 참여하기 위해 자신의 현실 속에서 선한 삶을 살아가기 위해 노력한다. 종말에 대한 소망을 가지고 있는 그리스도인들은 그렇지 않은 사람들과 다른 목적을 가지고 살아간다. 그리스도인들은 종말의 구원에 참여하고자 하는 소망으로 세속적인 가치를 추구하는 일터에서 소명으로 살아가려는 용기를 얻는다.

이것이 어떻게 가능할까에 대해 신학자들은 다양한 의견을 내놓고 있는데, 대표적으로 서로 다른 두 종말론적 입장이 있다. 하나는 독일신학자 위르겐 몰트만이 말하는 것인데, 종말에 펼쳐질 하나님 나라를 지금 경험하고 있는 세상과 질적으로 단절된 다른 세상으로 이해하는 입장이다. 다른 하나는 미국 신학자 리처드 마우의 입장으로, 종말의 세상은 우리가 지금 살아가는 현실과 질적으로 연결되어 있다는 일종의 낙관주의적 종말론이다.

몰트만은 우리에게 다가올 종말의 때가 이르면 우리가 살고 있는 흠 많은 현실이 변화하여 완전한 세상으로 전환(transformation)이 일어날 것이라고 주장한다. 몰트만은 성령이 종말에 구현될 하나님 나라의 이상을 지상의 성도들에게 계시함으로써 성도들이 종말을 기다리며 하나님 나라의 선한 삶을 살도록 돕는다고 말한다. 그러나 종말의 세계와 달리 우리의 세계는 제한적인 선만을 경험할 수 있다. 완전한 선이 지배하는 종말의 세계와 우리가 지금 살아가는 현실 세계는 질적으로 달라진다고 주장한다.

반면 마우에게 종말은 그리스도를 통해 드러난 하나님 나라를 향한 우리들의 노력으로 완성되는 놀라운 사건이다. 마우는 이사야 60장과 계시록 21장에 나오는 만왕의 왕이 지상의 영광과 온갖 보물을 갖고 새 땅에 입성하는 장면을 언급한다. 그리고 성도들이 믿음으로 노력하여 맺은 선한 열매들이 종말의 세상에서도 지속될 것이라고 해석한다. 종말의 세계는 현실의 세계와 구별되기는 하지만 근본적으로 연속성을 가지고 있다. 따라서 지상의 성도들은 하나님 나라의 완성을 앞당기기 위해 선한 삶을 살아가야 한다.

종말의 세계가 과연 지금 우리가 살고 있는 세계와 완전히 단절될지 아니면 연결될지는 논리적 해결이 불가능한 문제다. 하지만 두 의견은 종말론이 우리로 하여금 믿음으로만 바라볼 수 있는 새로운 세상을 상상하고 소망하고 기대하게 한다는 점에서 일치한다. 성령은 그리스도 안에서 이미 성취된 종말의 세계를 바라볼 수 있는 눈을 성도들에게 주시고, 그들로 하여금 지금 이 세계에 안주하지 않고 미래에 완성될 하나님 나라 시민으로 살아가도록 도우신다.

그래서 종말론은 윤리적이다. 김균진 교수는 종말론과 윤리의 관계를 다음과 같이 설명한다. "기독교의 참된 종말론은 인간으로 하여금 현존하는 현실에 대하여 관심을 가지게 하며 민감하게 만든다. 이 현실이야말로 하나님 나라가 앞당겨 일어나는 유일한 장이기 때문이다. 기독교의 참된 종말론은 인간으로 하여금 이 현실 안에서 살면서 이 현실을 하나님 나라의 현실로 변화시키게 한다."[4]

그리스도인들은 종말론을 통해 현실의 부패를 탄식하는데 그치지 않고, 부패한 현실을 거룩한 곳으로 변화시키려는 소망을 품게 된다. 우리는 이런 식의 종말론에서 일터 현실을 종말론적 관점으로 바라보는 비판적 안목을 얻는다. 우리가 앞으로 살아야 할 영원한 나라는 이윤 때문에 사람이 무시되는 곳이 아니라 이윤을 포기하고라도 사람을 귀하게 여기고 그를 얻는 곳이다. 이러한 종말론적 관점으로 우리가 일하는 일터 현실을 바라보면 무엇이 잘못되어 있는지 더욱 뚜렷하게 이해하게 된다. 소명 의식은 이러한 일터 현실에 안주하지 않고 도전하고 변화시키려는 의지와 열정을 불어넣어준다.

종말에 올 새 하늘과 새 땅에서도 지금의 많은 일터들은 여전히 존재할지도 모른다. 종말에 완성될 하나님 나라에서 일터는 이윤이 아니라 사랑을 최고의 목적으로 삼을 것이다. 종말의 직장은 불신과 경쟁과 탄식이 아니라 믿음과 협력과 기쁨이 넘치는 곳이다. 종말론적 소망을 가진 우리는 이 땅에 사는 동안 그리스도 안에서 이미 계시된 종말에 완성될 일터 소명을 포기하기 보다는 오히려 성취하기 위해 노력한다.

종말의 때가 오기 전 지금의 일터는 소명을 실천하기에는 여전히 한계가 있지만, 그리스도인들은 한계를 확장하기 위해 적극적으로 도전한다. 그리스도인들은 종말론적 소망을 굳게 가질수록 이윤 중심의 합리성 원리가 지배하는 직장에서 이웃의 생명을 위해 어려움들을 인내하고 극복하며 일하는 힘과 용기를 얻는다. 종말론적 소망은 종말론적 심판과 동전의 양면과 같다. 종말을 믿고 기대하는 사람에게 종말은 약속이며 인내의 근거가 되지만, 종말을 믿지 않고 현실에 집착하는 사람에게 종말은 다가올 심판에 대한 경고다.

요한계시록은 믿음으로 인해 박해받는 성도들이 그 박해를 인내해야 하는 근거를 제시하는 동시에 그들에게 위로와 격려를 준다. 계시록은 단순히 미래에 일어날 일에 대한 계시에 그치지 않는다. 하나님은 그리스도인들로 하여금 그들을 시험하고 방해하는 악의 세력과 싸우며 모든 도전을 견디고 이기도록 종말에 일어날 일들을 미리 보여주셨다. 계시록에는 "이기라"는 동사가 빈번하게 나온다. "이기는 자는 내 하나님 성전에 기둥이 되게 하리니 그가 결코 다시 나가지 아니하리라…나의 새 이름을 그이 위에 기록하리라"(계 3:12).

성도들이 말세의 핍박을 견디고 이겨야 할 이유와 믿음으로 사는 힘의 기반은 종말을 아는 지식에 있다. 현대의 일터 그리스도인들은 종말의 소망으로 눈에 보이는 세계가 전부가 아니라는 사실을 깨닫는다. 그들은 새 하늘과 새 땅에 들어가기에 합당한 사람이 되기 위해 오늘 어떻게 말씀에 순종하며 살아야 하는지를 생각하는 사람들이다. 그리스도인들은 종말에 대한 지식 가운데서 함께 일하는 이웃들을 더욱 사랑하기 위해 노력한다.

그리스도인은 불의한 세계가 끝나고 선한 종말의 세계가 다가오고 있다는 사실을 기억해야 한다. 우리는 종말을 기다리며 종말에 실현될 하나님 나라, 그 나라의 백성이 되기 위해 인내하며 기다려야 한다. 요한계시록은 이렇게 말한다. "그 고난의 연기가 세세토록 올라

가리로다. 짐승과 그의 우상에게 경배하고 그의 이름표를 받는 자는 누구든지 밤낮 쉼을 얻지 못하리라 하더라. 성도들의 인내가 여기 있나니 그들은 하나님의 계명과 예수에 대한 믿음을 지키는 자니라"(계 14:11~12).

소명의 이상과 현실 사이에서 타협은 가능할까? [5]

일터에서 하나님이 주신 소명으로 사는 그리스도인들은 많은 것을 포기해야 한다. 일하는 목적이 불신자들과 다르기 때문이다. 일터에서 이웃을 사랑하는 그리스도인들은 오해와 곡해로 인한 불이익을 감수해야 할 때도 있다. 많은 돈을 벌고 싶은 욕망을 포기해야 하고, 높은 자리에 올라가기 위한 꿈을 포기해야 하는 경우도 있다. 먼저 승진하고 싶은 생각도 버려야 할 때가 있다.

하나님의 소명이 지향하는 이상을 신실하게 따라갈 때, 그리스도인들은 세상 사람들이 추구하는 목표와 다른 꿈을 꾸게 된다. 마라톤 선수가 완주하기 위해서 골인 지점을 통과하는 순간을 상상해야 하는 것처럼, 그리스도인들은 마지막으로 통과할 영원한 생명의 문을 바라보며 지금의 일터에서 살아간다. 많은 수고와 인내가 필요하다.

그럼에도 불구하고 그리스도인들에게 매일 경험하는 현실에서 소명의 삶을 감당하는 일은 너무 버겁다. 당장 생존의 문제가 닥치면,

소명의 이상은 너무 높고 현실의 벽은 가혹하게 느껴진다. 이상이 없으면 현실에 집착하는 현실주의자가 되고, 현실을 무시하면 이상에 집착하는 승리주의자가 된다.

종말을 바라보며 살아가는 그리스도인들은 때론 넘기 어려운 현실의 벽과 소명의 이상 사이에서 줄타기를 한다. 그리스도인 직장인들은 일터에서 자주 신앙적 윤리적 판단과 선택을 해야 하는 상황들에 직면한다. 그래서 신실한 그리스도인 직장인들은 치열하고 무자비한 직장 현실에서 뱀처럼 지혜롭고 비둘기처럼 순결한 삶을 살아가야 한다(마 10:16).

회식 자리에서 술을 마셔도 될까? 주일에 일하러 출근해도 될까? 회사의 유익을 위해 과장 광고를 해도 될까? 통계 수치를 약간 가공해 그럴듯한 기획안을 만들어도 될까? 이러한 상황들에서 그리스도인들은 무엇을 기준으로 어떤 선택을 해야 할까? 비현실적으로 높아 보이는 교회의 요구와 자신의 능력으로는 도저히 감당할 수 없는 현실 상황의 딜레마에 부딪힌 그리스도인 직장인들에게 현실적이면서도 성서적인 제3의 길이 있을까?

독일의 기독교 윤리학자 헬무트 틸리케는 비인간적인 현실과 신앙의 이상적 의무 사이에서 그리스도인들에게는 허용될 만한 '타협'의 길이 있다고 제안했다. 틸리케의 타협 이론을 이해하기 위해서는 먼저 그의 현실에 대한 신학적 해석을 이해해야 한다.

틸리케는 소명의식으로 충만한 담대한 그리스도인들이라도 뛰어넘을 수 없는 현실의 한계가 있음을 인정한다. 그는 이러한 현실을 한계상황(Grenzsituation)이라고 말한다. 그가 말하는 한계상황은 그리스도인들의 선한 행동을 방해하지 않는 윤리적 보편 상황이 아니다. 그것은 악과 악 속에서 선택을 강요당하는 현실이다.

예를 들면, 심신이 연약한 환자에게 병명을 그대로 말하기 어려운 상황, 혹은 독재자를 암살하지 않으면 무고한 사람들의 생명이 계속 희생당하는 상황, 로비하지 않으면 제품을 전혀 팔 수 없는 상황, 부당한 상사의 요구를 수용하지 않으면 해고당할 위기에 처한 상황 등등. 이러한 상황들은 누구든 현실에서 경험할 개연성이 있다.

이러한 상황 속에서 모든 그리스도인들이 순교를 각오한 결단을 내리는 신앙을 기대하기는 어렵다. 신실한 그리스도인들이라도 항상 순교하겠다는 일념으로 타락한 세상의 일터에서 하나님의 뜻에 따르기란 구조적으로 어려운 것이 사실이다.

틸리케는 하나님이 이런 현실 상황에도 그리스도인들의 최선을 기대하시지만, 설사 최선을 다 하지 못할 때에라도 차선 또는 차악의 선택을 허용하신다는 것을 주장한다. 그렇게 해서라도 창조 세계를 보존하신다는 것이다. 하나님은 그리스도인들이 일터에서 살아남으면서도 창조세계를 보존하는 방향으로 일할 수 있는 타협점을 허락하신다는 뜻이다.

틸리케는 완전하신 하나님도 더 큰 악을 방지하기 위해 이혼을 허락하신다고 말하며 그것을 하나님이 세상과 타협한 대표적인 사례로 들고 있다. 이러한 관점에서 보자면, 우리는 일터에서 소명으로 살기 위해 윤리적으로 견딜 수 없는 심리적 압박에 시달리기 보다는 현실적 한계 안에서 숨을 돌릴 대안적 방안을 찾아낼 수 있다.

우리의 일터가 치열한 경쟁 속에 있다는 사실은 부인할 수 없다. 경쟁은 이웃을 사랑하며 일하려는 우리의 노력을 방해한다. 하나님은 우리의 경쟁을 기뻐하시지는 않지만 세상을 타락으로부터 보존하기 위해 그것을 선하게 사용하시기도 한다. 경쟁하며 일하는 일이 선하지는 않지만, 하나님은 우리의 경쟁을 이웃들의 생명 보존을 위해 신비롭게 섭리하신다. 경쟁하면서도 우리의 일이 이웃에 대한 사랑의 표현이 될 수 있는 타협의 여지는 남아있는 셈이다. 하나님은 우리가 비록 부족하지만 우리의 일을 통해 우리가 모르는 가운데 선을 이뤄주신다(롬 8:28).

> **타협의 윤리**
>
> 우리의 궁극적 진실은 오직 하나님을 사랑하고 이웃을 사랑하는 것이다. 일터에서 그리스도인들의 타협은 이웃 사랑이라는 궁극적 목적에 봉사할 때 그나마 정당성을 얻게 된다. 이러한 타협만이 하나님의 용서 안에서 자유를 누릴 수 있다. 타협은 죄를 방임하는 것이 아니다.

하지만 하나님의 선한 의지에 손상을 입히는 타협의 길이 곧바로 정당화될 수는 없다. 생존을 위해 하나님의 명령을 어길 때, 우리는 분명히 하나님께 죄를 짓는 것이며 하나님의 용서가 필요하다. 우리는 그렇게 선택한 대안적 차선에 대해 회개해야 한다. 우리가 부득이 선택한 타협의 길을 하나님이 비록 허용하신다 해도 일시적으로 소명의 선택을 하지 못한 책임은 우리에게 남아있다. 타협은 하나님과 우리 사이의 윤리적 절충점이 아니라 하나님의 심판과 용서의 대상일 뿐이다.

타협이 허용될 수 있는 여지는 '사실(fact)'과 '진실(truth)'이 다르다는 점에서 찾을 수 있다. '사실'은 우리가 객관적으로 판단하는 어떤 사건 혹은 진술이다. 엄밀한 객관적 기준을 정해놓고 판단하는 자연과학에서 '사실'은 곧 '진실'로 받아들여진다. 그러나 그 외의 영역에서 사람들이 더 중요하게 생각하는 것은 그 '사실'이 무엇을 위한 것인가이다.

'진실'은 '사실' 자체보다 '사실'이 추구하는 궁극적인 목적에 달려 있다. '진실'은 나의 행동이 단순히 '사실'에 부합한지에 달려 있지 않고 '사실'이 목표하고 있는 궁극적인 의미를 실현하는 것이다. '진실'은 '사실'과 항상 같지 않을 때가 있다. 자신이 행하는 객관적 '사실'이 궁극적인 목적에 부합할 때에만 '진실'로 인정받을 수 있다.

우리의 궁극적 진실은 오직 하나님을 사랑하고 이웃을 사랑하는 것이다. 일터에서 그리스도인들의 타협은 이웃 사랑이라는 궁극적 목적에 봉사할 때 그나마 정당성을 얻게 된다. 이러한 타협만이 하나님의 용서 안에서 자유를 누릴 수 있다. 타협은 죄를 방임하는 것이 아니다. 오히려 사랑이라는 진실을 직접적으로 실현할 수 없는 구조적 죄악의 현실 속에서 율법을 위반함으로써 우회적으로 사랑이라는 목적을 실현할 수 있는 선택의 폭을 넓혀준다.

나치 정권 아래 아우슈비츠 수용소에서 죄 없는 유대인들을 가스실에서 살해한 업무를 수행하다 체포된 독일인 아이히만은 법정에서 자신은 상관의 지시에 따라 '성실하게' 일했을 뿐이라고 주장했다. 아이히만의 주장은 법적으로 '사실'이다. 그는 일터에서 일반적으로 요구되는 것처럼 상관의 명령에 복종했을 뿐이다. 그러나 그의 '사실에 부합한 행동' 때문에 수많은 사람들이 죽었다. 그러므로 그의 행위는 '진실'된 것이 아니었다.

> **일터 그리스도인의 타협**
> 우리의 궁극적 진실은 오직 하나님을 사랑하고 이웃을 사랑하는 것이다. 일터에서 그리스도인들의 타협은 이웃 사랑이라는 궁극적 목적에 봉사할 때 그나마 정당성을 얻게 된다. 이러한 타협만이 하나님의 용서 안에서 자유를 누릴 수 있다. 타협은 죄를 방임하는 것이 아니다.

1990년 감사원 감사관 이문옥씨는 재벌들의 비업무용 부동산 실태에 대한 감사가 재벌들의 로비로 중단됐다는 사실을 언론에 고발했다는 이유로 검찰에 구속됐다. 이씨가 공무원이 업무상 취득한 정보를 허락 없이 언론에 공개해서는 안 된다는 실정법을 어긴 행위는 '사실'이지만, 부당한 압력에 의해 공개되지 않은 '또 다른 사실'을 국민들의 알권리를 위해 폭로한 행위는 '진실'이라고 말할 수 있다. 이씨는 '진실'을 위해 비밀 누설이라는 타협의 길을 선택했던 것이다. 그러나 그는 실정법 위반이라는 '죄' 때문에 구속되어야 했다.

타협 윤리는 자칫 자기 죄를 합리화하는 도구로 사용될 수도 있다. 사랑을 위해 타협한다고 하지만 교묘히 자신의 욕망을 감춘 행위도 얼마든지 가능하다. 이러한 위험 때문에 사실 '타협 윤리'를 일터에서 일반화시킬 수 없다. 다만, 어쩔 수 없는 상황에서 이루어진 것에 대해 용서받을 가능성을 가지고 있을 뿐이다. 그리스도 안에서 신실한 신앙을 가진 사람들은 제한적으로 타협을 통해 막힌 현실을 타개하려고 시도할 수 있다. 이런 면에서 '타협 윤리'는 사랑이라는 명분 아래 모든 행위가 정당화되는 '상황 윤리'와는 전혀 다르다.

그리스도인들은 그리스도의 명령을 그대로 실천할 수 없는 일터 상황에서 이웃을 사랑할 수 있는 타협을 위해 기도해야 한다. 그러나 그들은 이 과정 속에서 분명히 하나님 말씀의 기준에 미달되는 부분을 하나님 앞에 고백하고 죄 용서를 간구해야 한다. 자신이 하는 타협 행위가 하나님께서 이웃 사랑의 기회로 사용하시도록 기도하고 이를 위해 노력해야 한다.

종말론적 소망으로 일하기

우리는 세속적인 원리들이 지배하는 일터에서 하나님의 소명에 따라 살기 위해서는 오래 참아야 한다. 자신에 대해서도 참아야 하고, 타인에 대해서도 참아야 한다. 아직 온전하지 못한 인격체로서 우리 안에 솟아오르는 욕망과 소명에 신실하게 부응하지 못하는 자신에 대한 실망을 견디어야 한다. 또한 우리의 믿음과 용기를 무시하거나 핍박하는 사람들에 대해서 무조건 반박하기보다는 그들과 함께 계속 일해야 한다는 사실을 기억해야 한다. 우리의 궁극적 소망은 지금 경험하고 있는 이 땅이 아니라 장차 완성될 새 하늘과 새 땅에 있기에 우리는 현실이 만족스럽지 않다고 하더라도 인내하며 일해야 한다. 이를 위해 나는 종말론적 소망으로 일하는 몇 가지 자세 혹은 방법을 제안한다.

1. 종말의 관점으로 일하라

이사야 선지자는 이렇게 노래한다. "그 때에 이리가 어린 양과 함께 살며 표범이 어린 염소와 함께 누우며 송아지와 어린 사자와 살진 짐승이 함께 있어 어린 아이에게 끌리며 암소와 곰이 함께 먹으며 그것들의 새끼가 함께 엎드리며 사자가 소처럼 풀을 먹을 것이며 젖 먹는 아이가 독사의 구멍에서 장난하며 젖 뗀 어린 아이가 독사의 굴에 손을 넣을 것이라(사 11:6~8)"

하나님이 이사야 선지자에게 이스라엘의 회복을 예언하시면서 주신 말씀은 단지 미래 청사진을 제시하신 것이 아니었다. 이사야의 이상에는 회복된 이스라엘 사회를 향한 하나님의 뜻이 비유적으로 담겨 있었다. 모든 생명들이 서로 사랑하고 존중하며 배려하는 평화가 이스라엘의 역사 속에 실현되기를 바라는 하나님의 소망이 이사야 비전의 핵심 메시지다. 이스라엘이 만들어가야 할 사회의 궁극적인 목표는 모든 생명들이 공존하며 살아가는 평화였다. 이스라엘은 이런 사회를 세우기 위해 진심으로 율법을 준수하며 평화로운 나라를 만들어가라는 소명을 하나님으로부터 받았다.

다시 그리스도인들은 종말의 관점에서 자신의 일터 현실을 거꾸로 바라보는 상상을 할 필요가 있다. 종말에 완성될 나라는 우리가 지금 만들어가야 할 나라이기 때문이다. 나는 종종 현재 있는 직업들 가운데 종말의 하나님 나라에서도 계속 있을 직업은 무엇일까 생각해 본다. 그리고 그 직업들은 어떤 일을 이루게 될 것인가도 생각한다.

그리스도의 재림과 함께 부활하여 이 땅에서 살아갈 백성으로서 지금 하는 일을 계속 할 수 있을까? 이 질문에 긍정적으로 답변할 수 있는 사람은 자신의 소명을 잘 알고 있는 사람

> **종말은 현재를 보는 렌즈**
> 그리스도인들은 종말의 관점에서 자신의 일터 현실을 거꾸로 바라보는 상상을 할 필요가 있다. 종말에 완성될 나라는 우리가 지금 만들어가야 할 나라이기 때문이다.

이다. 그러나 부정적이라면 지금 하고 있는 일을 재점검할 필요가 있다. 나는 목사로서 설교를 준비하는 일을 할 때마다 내 자신에게 이런 질문을 던진다. 이 설교를 나중에 예수님 앞에서 하면 잘 했다고 칭찬하실까? 종말의 관점으로 일을 하면 우리는 지금 하는 일에 대해 최종 심판자이신 하나님께 결재를 받으려는 마음을 가지게 된다. 우리는 비록 현실적 한계 안에서 일하지만 일의 결과와 과정을 현재의 기준이 아니라 종말의 기준으로 확장할 수 있다.

2013년 한국에서 인기를 얻었던 영국 영화 '어바웃 타임(About Time)'에서 주인공 팀은 과거 여행을 할 수 있는 초능력을 아버지로부터 물려받았다. 그는 과거로 돌아가 잘못했던 일들을 고칠 수 있는 능력을 받아 사용할 수 있었다. 그러나 그가 마지막에 깨달은 지혜는

과거로 돌아가기 보다는 미래에서 오늘을 바라보며 살면 다시 고칠 일이 없다는 사실이었다. 과거로 다시 돌아가 고치지 말고 미래에서 현실을 바라보며 살라는 메시지였다. 팀의 아버지는 과거의 많은 부분을 고칠 수 있었지만 결과적으로 많은 회한을 남기고 생을 마감했다. 미래에서 오늘을 돌아볼 수 있다면, 우리는 회한이 많은 생이 아닌 소명을 따라가며 풍성한 열매로 하나님과 이웃에게 감사한 삶을 남기고 떠날 것이다.

2. 미완성을 받아들이라

소명의 삶을 산다고 우리가 항상 풍성한 열매를 맺을 것이라고 기대해서는 안 된다. 특히 우리의 소명이 이웃을 사랑함으로써 이웃의 생명에 봉사하는 것이라면, 우리가 일하는 기간에 그 열매가 뚜렷하게 나타나지 않을 수도 있다. 소명은 우리로 하여금 어떤 결과를 맺었는가 보다는 어떤 관계를 맺어갔는지 혹은 어떤 방향의 길을 갔는지에 대해 더 많이 질문하게 한다. 일터에서 우리가 걷는 소명의 길은 결과적으로는 미완성이다.

우리는 타협해야 하는 일터현실 속에서 사랑의 소명을 잠시 보류해야 할 수도 있다. 정의로운 일터를 만들기 위해 불의와 싸워야 하지만, 이로 인해 또 다른 사람들이 준비되지 않은 상처나 불이익을 받는다면, 그리스도인은 우회하는 길을 택할 수도 있다. 그렇게 우회하다 중단될 수도 있다. 그럼에도 불구하고 그리스도인들은 올라가지 못할 나무 쳐다보지도 말라는 속담에 따르기 보다는 그래도 갈 만큼은 가야 한다는 마음을 가져야 한다. 결국 소명의 미완성을 받아들여야 인내하며 견딜 수 있다.

A형제는 거의 매년 영업사원들의 리베이트 영업 관행으로 재판 업무를 뒤치다꺼리 했다. 그는 불법적인 영업 관행이 너무 오래 동안 굳어져 쉽게 사라지지 않을 것이라고 확신하고 신앙양심 때문에 회사를 그만둘까 여러 번 고민했다.

사실 그 자리를 떠나는 것이 그에게는 쉽지 않은 해결책이었다. 나이가 있어 다른 회사에서 자리를 얻기가 어렵고 특별한 자격증이 있는 것도 아니어서 자칫 자신뿐만 아니라 자신이 봉양해야 하는 부모님의 생존에도 큰 영향을 마칠 수 있었다. 또한 자기가 떠나더라도 누군가는 다시 그 자리에 와서 똑같은 일을 반복할 수 있다는 생각에 당분간 떠나지 않기로 했다.

대신 그는 재판에 소극적으로 대응함으로써 회사가 원하는 결과를 얻기 보다는 '정의로운 패소'로 영업 관행을 개선해야 할 필요성을 보여주고 새로운 영업 방식 개발을 회사에 건의하기로 했다. 이러한 전략적 업무 태도는 인사상 불이익을 받을 수 있는 위험한 결정이었다. 실제로 형제는 그 해 인사고과에서 가장 낮은 평가를 받고 떠나라는 묵시적 압력을 받았다. 그러나 그는 떠나지 않고 버티면서 잘못된 영업 관행을 최소한이라도 개선시키려고 노력했다.

형제는 자신과 가족의 생존을 위해 적극적인 윤리적 태도로 회사에 대립하는 모습을 보이기보다는 매일 살아가야 하는 현실과 타협하는 결정을 했다. 그가 선택한 타협의 궁극적 목적은 불의한 영업 관행의 개선에 있었다.

그리스도인은 하나님의 소명을 따랐음에도 원하는 열매를 맺지 못했다고 낙담하거나 실망할 필요가 없다. 그리스도인은 자신이 걸어온 만큼 최선을 다하고 그 결과는 하나님께 맡기고 떠나야 한다. 우리가 할 수 있는 일과 할 수 없는 일이 있다. 나머지는 하나님이 하시도록 넘겨드려야 한다.

3. 본질적인 것과 비본질적인 것을 구분하라

일터 현장에서 그리스도인들은 비본질적인 문제들에 신앙의 기준을 엄격하게 적용하려다 본질적인 문제를 놓치는 경우가 종종 있다. 대체적으로 비본질적인 문제들은 일터 문화에 관한 것이다. 일터 그리스도인들에게 소명의 본질은 이웃을 사랑하는 일인가, 이웃의 생명을 위한 일인가에 있다. 일상생활에서 이런 본질과 비본질은 혼란스럽게 되고 바뀌는 경우도 있다.

사도 바울은 우상에게 제물을 바치는 문제를 놓고 고린도교회에 분쟁이 일어나자 본질과 비본질을 명확하게 구분하고 비본질적인 행위들을 복음의 본질을 위해 양보하라고 말했다(고전 8:1~13). 바울은 우상의 제물을 먹는 행위는 복음의 본질이 아니고 믿음이 약한 자들을 실족치 않게 배려하는 마음과 행위가 본질이라고 보았다. 우상의 제물은 각자의 믿음의 양심에 따라 먹어도 되고 먹지 않아도 되었다. 세상의 모든 음식을 포함한 만물이 우상에게 바쳐지기 이전에 그리스도로 말미암아 왔기 때문에 이 사실을 믿는 그리스도인들은 우상의 제물을 자유롭게 먹어도 된다고 했다. 그러나 믿음이 약한 자들이 이것을 보고 혹시라도 실족해서 믿음을 잃어버린다면, 이것은 형제를 실족시키는 심각한 문제였다. 따라서 사도 바울은 음식이 형제를 실족케 한다면 영원히 고기를 먹지 않겠다고 다짐했다(고전 8:13).

우리나라 그리스도인들 가운데 상당수는 직장 회식에서 선배가 강요하는 술을 먹어도 되는지 문제로 고민한다. 직장 회식과 술 문화가 10여 년 전에 비해 많이 개선되었음에도 불구하고 술 문제는 요즘도 교회 청년부의 단골 이슈다. 술 문제는 보기에 따라 다르겠지만 전형적으로 본질과 비본질을 구분해야 하는 사안이다. 술을 일체 먹지 않는 것이 자신과 타인의 신앙에 도움이 될 수도 있지만 반대의 경우도 가능하다.

2016년 서울의 한 교회 청년회 수련회에서 광고회사에 다니는 K 자매는 이런 질문을 했다. 회사에서 자기가 소속된 팀장이 신앙을 지키기 위해 다른 부서장들이나 임원들과의 회식 자리마다 일체 술을 거부했다가 융통성 없는 사람으로 낙인찍혀 팀이 최하 평가를 받고, 급기야 팀이 해체되어 일부 직원은 퇴사를 당했다. 자매는 자기도 피해자라고 하면서 팀장의 처신이 신앙의 이름으로 합리화될 수 있는 것인지를 물었다.

　이 자매의 문제 제기가 사실이라면, 팀장은 자신의 신앙적 확신 때문에 자기 외에도 불신자를 포함한 여러 명의 팀원들에게 불이익을 끼쳤다. 이 경우, 팀장이 회식에서 술을 먹고 안 먹고는 비본질적인 것이다. 팀장에게 본질적인 임무는 자신의 지휘 아래 있는 팀원들을 보호하고 도와주는 리더십 발휘였다. 팀장에게 술을 먹는 행위보다 더 중요한 것은 함께 일하는 사람들이었다. 예수님은 "먹기를 탐하고 포도주를 즐기는 사람이요 세리와 죄인의 친구"라는 비난을 받았다 (마 11:19). 예수님은 세리와 죄인을 구원하기 위해 그들의 친구처럼 함께 먹고 포도주를 마셨다. 예수님은 세리와 죄인의 구원이라는 본질을 위해 그들과 함께 먹고 마시는 비본질적 행위를 했다.

　일터의 복잡한 사안들 속에서 본질과 비본질을 구별하는 일이 명쾌하지 않을 때도 있다. 그리스도인들은 자신의 말과 행위와 결정이 어떤 사람에게 어떤 영향을 미치는지를 분석하는 습관을 가져야 한다. 이런 습관이 형성되면서 어디까지 타협하고 어디까지 지켜야 하는지를 현실적이면서도 성서적으로 분별하는 능력도 커진다. 또한 불필요한 인내를 줄이고 그만큼 반드시 지켜야 하는 본질적인 일에 시간과 에

> **본질과 비본질의 분별**
> 일터의 복잡한 사안들 속에서 본질과 비본질을 구별하는 일이 명쾌하지 않을 때도 있다. 그리스도인들은 자신의 말과 행위와 결정이 어떤 사람에게 어떤 영향을 미치는지를 분석하는 습관을 가져야 한다. 이런 습관이 형성되면서 어디까지 타협하고 어디까지 지켜야 하는지를 현실적이면서도 성서적으로 분별하는 능력도 커진다.

너지를 집중하면서 인내력을 더욱 키울 수 있다. 사람을 사랑하기 위한 인내가 가장 오래 가는 법이다.

4. 쉽게 떠나지 말라

직장은 가정이 아니다. 가정은 헤어질 수 없는 언약적 운명으로 만난 곳이지만, 직장은 특정한 목적을 위해 제한적으로 만나는 곳이다. 가정은 우리가 생존하는 한 (비록 혼자 사는 사람이라 해도) 퇴근 후 돌아가 쉼과 사랑을 누리는 곳이지만, 직장은 언젠가는 떠나야 하는 곳이다. 우리는 가정 안에서 죽지만, 대부분의 경우 직장은 죽기 전에 떠난다. 직장은 우리에게 영원한 고향이 아니라 임시적으로 머무는 곳이다. 따라서 우리는 직장에서 떠남을 준비한다. 루터는 소명의 자리를 떠나지 말 것을 주장했지만, 현대 직장인들에게는 직장을 옮기는 일이 비윤리적이거나 낯설지 않다. 우리의 일상적 현상이 되었다. 그리스도인들도 직장을 옮기는데 특별한 제약을 느끼지 않는다.

그러나 직장이 자신의 유익을 따라 이리저리 자유롭게 옮기는 곳이 아니라 하나님이 허락해주시는 사람들을 사랑하는 곳이라는 믿음이 있으면, 그리스도인들에게 직장 이동은 매우 신중히 결정해야 할 사안이다. 그리스도인들은 직장이 자신의 기대에 미치지 못하거나 자신의 유익에 도움이 되지 않는다는 이유로 쉽게 사표를 내고 나서는 안 된다. 한국경영자총연합회가 2017년 2월에 발표한 자료에 따르면, 대졸 신입사원 27 퍼센트 정도가 입사 일 년도 채우지 못하고 퇴사한다.

자신이 하는 일을 통해서 이웃의 생명에 봉사하는 사랑의 소명을 실현하기까지는 일정한 시간이 필요하다. 그리스도인들은 이 기간을 잘 견디어야 한다. 이 기간에 자신이 맡은 분야의 전문가로 성장하기 위해 지식과 기술을 연마해야 한다. 그리스도인들은 자신의 일에 누구보다 탁월한 전문가가 되어야 더욱 정확하고 지혜롭게 이웃을 섬길 수 있다. 이러한 그리스도인들은 자발적으로 업무 이외 시간에도 스스로 일을 배우려 한다. 이 기간에 고된 업무로 인한 고단함과 난관을 이겨내야 한다.

작은 광고회사를 다니던 H 자매는 2016년 여름 교회 수련회에서 "일은 재미있는데 입사 3년차가 되도록 야근을 밥 먹듯 하고 항상 퇴근 시간이 늦다"면서 "사표 내고 나오고 싶은데 어떻게 하면 좋은지 모르겠다"고 공개적으로 하소연했다. 자매의 질문에 재미있는 현상이 일어났다. 젊은 친구들은 자기 생활을 할 수 없다면 퇴사해야 하지 않느냐고 했다. 그러나 50대 이상의 선배 교우들은 일을 배울 때 처음 몇 년은 일에 집중해야하기 때문에 견뎌야 하는 시기가 있다고 하면서 힘들어도 조금만 더 인내하라고 조언했다. 안타깝게도 자매는 그해 말에 야근을 하지 않아도 되는 직장으로 옮겼다.

5. 그러나 떠나야 할 직장은 빨리 떠나라

그럼에도 불구하고 인내해서는 안 되는 직장들도 있다. 인간의 생명에 해를 끼치는 제품과 서비스를 생산하는 곳, 거짓의 관행이 지배적이지만 그 관행을 벗어나거나 저항할 수 있는 능력이 자신에게 없는 곳, 종업원들의 건강을 지속적으로 해치는 작업 관행이 일어나는 곳, 쉼 없이 노동을 강요하는 곳, 가족들과 함께 있을 시간을 절대적으로 지속적으로 박탈당하는 곳 등이다.

이런 곳들에서 직장인들은 몸과 영혼에 큰 상처를 입는다. 아무리 힘들게 준비해서 겨우 들어갔다 해도 이런 직장은 떠나야 한다. 떠나야 하는 특정한 시점을 정할 수는 없지만, 육체적, 정신적, 영적 건강을 해치고, 자신의 믿음과 능력으로는 변화가 불가능하다고 판단되면 과감하게 떠나야 한다. 그러나 이러한 때도 복수의 그리스도인 동료와 선배들과 충분히 상의한 뒤에 결정해야 한다. 하나님께 자신의 영적 육적 생존을 맡기고 떠나야 한다.

그리스도인들이 직장에서 인내하는 일은 하나님을 영광스럽게 하려는 목적이 있다. 직장을 변화시키기 전에 자신의 육체적 정신적 영적 생존이 심각하게 위협받는 곳이라면 일단 떠나야 한다. 다른 곳에서 자신에게 맞는 직장을 구하기 위해 노력해야 한다. 이것 또한 타협이라 할 수 있다. 거룩과 진리의 삶을 향한 우리의 소망은 허물 많은 현실과 자아에 의해 지속적으로 도전받는다.

2016년 초 중견 의류 회사에 취직한 30대 초반의 P 형제는 취업 일년이 차기 전에 사직했다. 그의 하루 일과는 오전 5시 반에 일어나 7시에 회사 업무를 시작하고 오후 10시 퇴근, 오후 11시 반 집 도착으로 이뤄졌다. 매일 피곤했다. 출퇴근 시간도 매일 세 시간 정도 걸렸다. 형제는 교회에서도 항상 피곤하고 지친 얼굴로 앉아 예배를 드렸다. 더 큰 문제는 매일 시내 매장을 돌면서 비현실적인 실적을 요구하고 실적 미달 시 가짜 매출 보고를 하도록 강요하는 일이었다. 이 회사의 오래된 영업 관행이었다. 신입사원이 이런 관행을 바꿀 여지는 없었다. 형제의 영혼은 날로 피폐해졌다. 형제는 취직하기 어려운 현실에서 쉽게 결정을 하지 못하다 결국 하나님의 새로운 인도하심을 믿고 회사를 떠났다.

타협의 여지가 없는 직장은 떠나야 한다. 그러나 떠나기 전에 그리스도인들은 개선을 위한 노력의 여지를 확인해야 한다. 그리스도인들은 자신이 겪는 문제가 다른 동료들에게도 동일하게 발생하고 있다면 함께 힘을 합쳐 싸워서 개선하도록 노력해야 한다. 쉼 없는 과로로 생명에 위협을 받는다면 건강에 치명적 문제가 오기 전에 나와야 한다.

그리스도인들은 이러한 직장의 노동 환경 개선을 위해 사측과 치열하게 싸워야 한다. 노동자들의 파업은 결코 비신앙적이거나 비성서적인 것이 아니다. 노동자들의 파업이 노동자들과 소비자들의 생명을 위한 봉사를 궁극적으로

> **소명의 일터, 남기와 떠나기**
> 타협의 여지가 없는 직장은 떠나야 한다. 그러나 떠나기 전에 그리스도인들은 개선을 위한 노력의 여지를 확인해야 한다. 그리스도인들은 자신이 겪는 문제가 다른 동료들에게도 동일하게 발생하고 있다면 함께 힘을 합쳐 싸워서 개선하도록 노력해야 한다. 쉼 없는 과로로 생명에 위협을 받는다면 건강에 치명적 문제가 오기 전에 나와야 한다.

지향할 때, 파업은 하나님 나라를 위한 종말론적 소망을 위한 인내의 싸움이라 할 수 있다. 파업으로 인해 노동자들은 피해를 감수함으로써 이웃에 대한 사랑을 표현한다. 파업은 일시적으로 노동 현장을 떠나는 것이다. 그러나 파업은 다시 돌아가 더 나은 직장을 추구하기 때문에 타협 윤리적이다.

6. 퇴사 뒤에도 계속 기도하고 축복하라

한 번 해병은 영원한 해병이듯이, 그리스도인들에게 한 번 인연을 맺은 직장은 영원한 직장이어야 한다. 일터를 향한 하나님의 뜻은 나만이 아니라 그 일터가 존재하는 한 그 일터에 있는 모든 사람들을 향한 것이다. 하나님의 뜻은 내가 떠난 뒤에도 그 일터에서 지속되어야 한다. 소명의 사람은 정년이나 명예퇴직 혹은 스카우트 등의 이유로 회사를 떠난 뒤에도 자기가 일했던 일터가 하나님이 기뻐하시는 곳이 되기를 바란다. 따라서 소명으로 일하는 그리스도인들은 재직 중일 때만이 아니라 떠난 뒤에도 하나님의 뜻이 이뤄지도록 지속적으로 기도하고 축복한다.

안타깝게도 어떤 그리스도인들은 떠난 일터에 아무런 관심을 보이지 않거나 심지어 경쟁사로 옮겨가서 전임 직장과 싸우기도 한다. 직장은 자기가 일하고 있을 때 자신에게 유익을 주어야 의미 있다고 생각하기 때문이다. 소명이 아니라 자신의 유익을 위해 직장에 다닌 사람들은 떠난 뒤에 직장에서 만난 사람들에게 감사하기 보다는 섭

섭했던 것을 먼저 떠올리며 비난하거나 불평하기 쉽다. 자신이 몸담 았던 일터를 부정적으로만 평가한다면, 이는 비극이다.

자신이 10년 혹은 20~30년 가장 왕성한 나이에 자신의 삶을 바쳐 일한 곳이 퇴직 후 자기 인생에서 사라지지 않도록 해야 한다. 퇴직한 일터를 위한 기도는 그리스도인들에게 주어진 마지막 사명이다. 비록 자신은 몸으로 일터에서 떠났지만 하나님께서 일터에 임재하시도록 기도하는 사람이 진정으로 소명 받은 그리스도인이다.

나는 2000년 초에 12년 동안 일했던 직장에 휴직계를 내고 신학을 공부하러 떠났다. 3년 뒤에는 팩스로 사직서를 내고 공식적으로 회사를 떠났다. 공부를 마치고 2010년 귀국한 뒤 나는 다시 회사를 찾아갔다. 회사 임원들과 사장님을 두루 만나 뒤늦은 퇴임 인사를 했다. 사장님과 차를 마시면서 사장님과 회사를 위해 기도를 해드렸다. 나의 제안에 사장님은 흔쾌히 기도를 부탁했다. 나는 어려운 경영 환경에서도 많은 임직원들에게 일자리를 제공하고 정의로운 회사로 성장하게 해달라고 짧지만 진심어린 기도를 해드렸다.

그 이후 나는 전임 회사 주변에 갈때나 회사 사람들을 만날 때마다 기도한다. 특히 회사가 하는 일이 만족스럽지 않게 보일 때 나는 회사에 비판적인 입장이 되기도 하지만, 그래도 하나님이 기뻐하시는 회사가 되도록 기도한다. 나는 이렇게 기도하면서 내가 지금 하고 있는 일도 하나님이 기뻐하시는 일이 되어야 한다는 사실을 다시 한 번 생각한다. 만약 우리가 드린 기도가 전임 회사에 합당하지 않으면, 우리의 기도는 헛되지 않고 기도의 축복이 우리에게 돌아온다(마 10:12~13). 종말론적 소망을 가진 사람에게 기도는 하늘 보좌 위로 올라가는 향기다(계 8:3~4).

야곱, 하나님의 약속을 믿고 인내하며 때를 기다리다

　도망자 야곱은 외삼촌 라반의 집에서 20년 동안 가축을 치는 목자 일을 했다. 그는 달리 갈 곳이 없었다. 라반은 야곱의 약점을 잘 알고 있었다. 라반은 라헬을 사랑하는 야곱에게 큰 딸 레아를 주어 먼저 시집가게 했고, 라헬을 주는 대가로 7년 동안 자기 집에서 일하게 했다. 라반은 조카 야곱에게 넉넉한 고용주가 아니라 까다롭고 야비한 고용주였다. 라반은 야곱의 노동을 통해 가축의 소유가 크게 늘었으나 야곱은 여전히 자기 재산을 갖지 못하고 있었다. 라반은 야곱과 약속한 품삯을 열 번이나 바꿔 속였다. 하나님은 야곱을 위해 라반의 집을 축복했으나, 라반은 야곱에게 정당한 몫을 나눠주지 않았다.
　야곱은 하나님의 명령에 따라 20년 만에 집으로 돌아가고자 했으나 라반은 야곱의 귀향을 막고 감시했다. 그가 떠나면 가축 재산이 줄어들 것을 우려했을 것이다. 그렇다고 야곱에게 정당한 노동의 대가를 지불하기 보다는 알아서 재산을 모으라는 식으로 대했다. 야곱은 라반으로부터 독립할 능력이 없었기 때문에 결코 호의적이지 않은 일터에서 오랜 세월을 인내했다.

그가 삼촌 가족의 견제와 의심의 눈초리를 이겨낼 수 있었던 것은 두 가지였을 것이다. 첫째는 아버지 집을 떠나 라반에게 가던 벧엘 길가에서 노숙하며 만난 여호와 하나님의 약속이다. 여호와는 그에게 "네가 누워 있는 땅을 내가 너와 네 자손에게 주리니…내가 너와 함께 있어 네가 어디로 가든지 너를 지키며 너를 이끌어 이 땅으로 돌아오게 할지라"고 약속하셨다(창 28:13,15). 이 약속을 그는 잊지 않고 마음에 간직하면서 타지의 서러운 노동을 견디어냈다. 두 아내에게서 난 열 두 명의 자녀들이 또 다른 힘이 되었다.

야곱은 벧엘에서 주신 여호와 하나님의 약속을 잊지 않고 마음속에 품고 있었기에 라반의 집에 주저앉지 않고 언젠가 집으로 돌아갈 것이라는 믿음을 가질 수 있었다. 그는 이 믿음으로 떠날 날을 위해 자기 염소와 양을 생산시켜 재산을 모으며 떠날 날을 준비했다. 그는 꿈에서 하나님의 사자로부터 떠나라는 명령을 받고 라반이 양털을 깎으러 사흘 길 멀리 출장간 사이에 가족들과 가축들을 이끌고 탈출에 성공했다.

야곱은 라반과 그 자녀들의 시기와 질투에도 불구하고 섣불리 자신의 일터를 떠나지 않았다. 대신 그는 언젠가 다가올 떠날 날을 기다리며 치밀하게 준비했다. 탈출 과정에서 라반에 추격당하고 고향에서 소문을 듣고 달려오는 형 에서에게 보복 당할 위기에 처했으나, 하나님은 그들이 야곱을 해치지 못하도록 미리 손을 쓰셨다. 야곱은 힘든 직장에서 견디지 못해 떠난 것이 아니라 하나님의 뜻에 따라 하나님이 정하신 시간에 떠났기에 라반과 에서 등 어느 누구도 야곱의 금의환향 길을 막을 수도 없었다.

 야곱은 하나님의 약속을 기억하고 힘든 일을 견디고 명령에 순종함으로써 하나님의 구원 역사에 사용 받는 족장으로 이름을 올릴 수 있었다. 우리도 마찬가지다. 세상을 향한 하나님의 뜻을 깨닫고 종말에 대한 소망을 가진다면, 우리는 거칠고 어려운 일터 환경을 이겨내고 소명으로 일할 수 있게 된다.

종말론적 소망은 소명의 삶을 위한 엔진이다

그리스도인들에게 주어진 직장 환경은 순탄치 않다. 까다로운 주인 아래서 인내해야 하는 종들처럼(벧전 2:19), 오늘의 그리스도인들은 신앙에 호의적이지 않은 환경 속에서 하나님이 주신 소명을 감당해야 한다. 모두가 돈과 힘을 추구하며 경쟁하듯 살아갈 때, 그리스도인들은 일터에서 만나는 사람들을 사랑하며 일해야 한다.

하나님의 소명으로 받은 사명을 실천해야 한다는 믿음의 이상과 우리의 현실은 번번이 모순되고 충돌한다. 우리의 믿음 또한 온전하지 않고 형성되어가는 과정에 있을 뿐이다. 우리는 연약한 질그릇이다. 이 때문에 그리스도인들은 때론 소명의 이상을 실천하지 못하고 실수하고 실패하기를 반복할 수 있다.

이러한 현실 속에서 그리스도인들은 종말론적 소망으로 일해야 한다. 그리스도인들에게 눈에 보이는 현실이 모든 것이 아니다. 주님이 다시 오실 때 세상은 완전한 하나님 나라가 될 것이라는 소망이 그리스도인들에게 주어졌다. 종말에 이뤄질 하나님 나라를 믿음의 눈으로 상상하며 기대하는 그리스도인들은 현실에 쉽게 좌절하거나 포기하지 않고 그 나라에 합당한 사람으로서 일하려는 동기를 부여받는다.

그럼에도 불구하고 그리스도인들은 일터에서 소명으로 살아가기에 벅찬 현실의 벽에 부딪힌다. 틸리케는 이런 현실을 한계상황이라고 설명한다. 이 상황에서 그리스도인들은 차선 혹은 차악을 선택하는 타협의 길을 선택할 수밖에 없는 상황에 놓일 때가 있다. 그러나 타협은 선과 악의 윤리적 절충점이 아니라 하나님의 용서의 대상이다. 다만 하나님께서 우리의 타협을 통해 궁극적으로 선을 이뤄주실 것을 우리는 간구해야 한다.

종말론적 소망으로 인내하며 일하는 하나님의 사람들에게는 몇 가지 현실적인 고려사항들이 있다. 자신의 일을 종말 혹은 미래의 관점에서 바라보며 오늘 해야 할 일을 생각해야 한다. 우리의 소명은 제약이 많은 현실 속에서 미완성으로 끝날 수 있다는 사실을 인정해야 한다. 본질과 비본질을 구별해서 본질적인 것을 지키는데 집중해야 한다. 직장이 힘들다고 쉽게 떠나지 않아야 한다. 그러나 떠나야 할 때에는 빨리 떠나야 한다. 떠나더라도 전임 직장을 위한 기도를 멈추지 않아야 한다.

일터에서 소명으로 살아가기 위해서는 지속적인 인내가 필요하다. 신실한 믿음과 오랜 인내를 통해 우리는 직장의 악한 문화를 하나씩 하나씩 고쳐나갈 수 있다. 그러나 이에 따른 불이익은 언제든 우리에게 닥쳐올 수 있다. 소명의 길은 십자가의 길이다. 나의 유익이 아니라 타자의 유익을 배려하는 사랑으로 일할 때, 어려운 상황을 인내하는 우리의 힘은 커진다.

악의 유혹을 거부하고 선을 위해 인내할 때 우리는 세상에 굴복당하지 않고 세상을 이긴다. 성서는 우리에게 "네가 나의 인내하는 말씀을 지켰은즉 내가 또한 너를 지켜 시험의 때를 면하게 하리라"고 격려한다(계 3:10). 또 우리에게 "이기는 그에게는 내가 내 보좌에 함께 앉게 하여 주기를 내가 이기고 아버지 보좌에 함께 앉은 것과 같이 하리라"고 힘을 북돋운다(계 3:21).

일터신앙

Listen
Love
Pray
Endure

에필로그
소명과 일상, 그리고 교회

오늘도 일터에서 분투하는 그리스도인들에게

나는 일터신학자로서 교회 특강할 때마다 살짝 당혹감을 느끼기도 한다. 나름 성서적 신학적 인문학적 지식을 총동원해 일터 소명이라는 '엄청나게 중요한' 개념을 열심히 강의했는데 돌아오는 질문들이 나를 다소 맥 빠지게 한다. 사소해 보이는 사안들에 대한 질문들이 많다. "회식자리에서 술을 먹어도 되나요?" "주일에 회사 행사에 가도 되나요?" "회사에서 고사 지낼 때 참여해야 하나요?" 등등.

나름 큰 주제를 가지고 역사적 관점까지 동원해 열변을 토했지만 성도들의 질문은 너무 일상적이고 작은 이슈들처럼 보였다. 강단에 선 목사와 회중 사이가 아니라 카페에서 막역한 친구와 커피 마시면서 투덜대고 대화할 때 던질만한 질문들처럼 들렸다. 나는 어떤 질문이든 대답하겠다고 약속했으니 무조건 대답해야 했다. 그런데 사소해 보이는 이 질문들에 답변하다 보면 이 질문들에 얼마나 깊은 신학적 함의가 담겨있는지 금방 깨닫게 된다.

소명이란 개념은 심대한 신학적 개념이다. 수십 권의 책을 읽어도 부족할 만큼 방대한 지식을 필요로 하는 어려운 개념이다. 그러나 그 복잡한 소명이란 개념도 디테일한 일상의 현실에 적용되지 않으면 '알쓸신잡(알아도 쓸모없는 신학적 잡학지식)'에 불과하다. 지식의 유희이며 시간 낭비다. 소명이란 단어 앞에 대단한 수식어를 붙이는 순간, 소명은 비틀거린다.

소명의 삶은 특별하지 않고 일상적이어야 한다. 특히 일터라는 일상의 삶에서는 더욱 더 그렇다. 그래야 소명의 삶이 지속적이고 자연스럽고 편해진다. 일상은 설거지와 청소처럼 매일 하지 않으면 안 되는 필연성을 가지고 있다. 일상은 출퇴근하는 것처럼 매일 반복된다. 일상은 화려한 드레스가 아니라 먼지 묻은 작업복을 입는 것처럼 평범하다. 소명의 삶은 이처럼 필연적이고 반복되고 평범한 일상을 살아가는 것이다.[1] 소명의 삶은 특별한 사건이 아니라 지루할 정도로 별 볼일 없는 일상적인 일들을 그곳으로 우리를 부르시는 하나님을 의식하며 처리해나가는 과정이다.

루터가 성직자 중심의 중세교회를 비판하고 만인제사장 교리를 들고 나온 것도 하나님의 거룩하신 부르심을 평범하기 그지없는 일상 세계로 확산시키려는 의도였다. 루터의 시도는 교회 안에 갇혀 있던 신앙을 과감하게 교회 밖 세상으로 끌어낸 혁명이었다. 종교개혁은 '성서에 근거한 기독교 신앙은 개인의 신앙고백이면서 동시에 공적인 삶'이라는 사실을 천명했다.

제네바의 위대한 종교개혁가이자 목회자였던 쟝 칼뱅은 교회 목회 외에도 도시의 정치 경제 사회 가정 등 오만 잡다한 일들에 뛰어들었다. 예를 들어 칼뱅은 이자율을 인상해달라는 금융가들의 청원을 기각해달라고 시의회를 설득했다. 그는 이 경제적 사안이 가난한 사람들을 보호하라는 하나님의 말씀에 배치된다는 이유로 완강히 반대했다. 칼뱅은 나중에 어쩔 수 없이 소폭 인상(5%에서 6.67%)을 허락했는데, 이는 종교의 자유를 찾아 제네바로 피난해 온 가난한 기술자들이 산업을 일으켜 먹고 살게 하려면 금융가들의 돈을 빌려야 하는 현실을 외면할 수 없었기 때문이었다. 부자는 가난한 사람들을 대상으로 폭리를 취하지 못하게 하고, 가난한 사람들이 높은 이자 부담 없이도 돈을 빌려 쓸 수 있도록 최소한의 인상만 허용한 결정이었다. 칼뱅이 가난한 사람들을 보호하라는 하나님 말씀에 순종하는 목회자의 소명에 충실했던 한 가지 사례다.

이처럼 그리스도인의 소명은 일터를 포함한 세상 속 일상의 디테일을 담아내는 그릇이다. 하지만 종교개혁가들의 과감한 시도는 우리 시대에 이르러 거의 용두사미가 되어버렸다. 광장으로 나왔던 신앙은 교회 안으로 후퇴했다. 이제는 거꾸로 신앙을 광장으로 다시 끌고 나와야 한다는 목소리가 커지고 있다. 우리는 광장에서 소명의 삶을 회복해야 한다.

교회에서 목회자들과 평신도들은 흔히 일상적인 일들을 중요한 사역을 위한 준비 과정 정도로 여긴다. '파송 받아 떠나는 선교사'와 '보내는 (즉, 재정적으로 후원하는) 선교사'라는 이상한 말을 만들어내 사용하기도 한다. 이는 잘못된 '교회 언어'에 불과하다. 선교사는 항상 떠나는 사람을 의미한다. 돈만 떠나보내는 선교사라는 개념은 제국주의적 선교관을 반영한다.

모든 교회 구성원들은 각자의 일상적 삶을 하나님의 부르심에 합당하게 살도록 파송 받았다(엡 4:1). 목사는 매일 교회라는 일터의 일상적 삶에 충실하게 살도록 보냄 받았고, 평신도는 회사라는 일터에 나가 신실하게 일상을 살도록 보냄을 받았다. 모든 선교사는 '복음을 전하는 일'이 아니라 '복음을 전하는 삶'을 살도록 파송 받는다. 보냄 받은 곳이 해외 오지이든, 매일 출퇴근하는 일터이든 구분 없이 보냄 받은 현장에서 주어진 시간 동안 일상을 살도록 보냄 받는다. 우리는 "일상적 일은 중요한 사역을 위한 준비 과정에 불과한 것이 아니라 그 자체가 사역이다"는 로버트 뱅크스의 따끔한 지적을 겸손히 들어야 한다.[2]

많은 청년들이 하나님께서 자신을 부르시는 어떤 특별한 장소를 찾기 위해 열심히 기도한다. 물론 소명을 분별하기 위한 기도의 노력이 필요하다. 그러나 정말 소명으로 살기 원한다면, 매일 살아가는 작은 일상 안에서 신학적 의미를 발견하고 실천하는 습관을 만들어나가야 한다. 이런 습관이 쌓이지 않으면 설령 특별한 소명의 장소를 발견했다고 한들 그곳에서 일상을 소명으로 살아낼 수 없다.

소명은 일상적이면서 동시에 일상을 변혁하여 새로운 일상을 만들어내는 힘이다. 미국의 사회학자 로버트 벨라는 사회 안에서 종교의 역할을 창조적 긴장(creative tension) 조성이라는 말로 표현했다.[3] 벨라에 따르면, 종교는 정치 경제 사회 문화 등 모든 일상의 영역에서 지배 엘리트들이 이끄는 현실 사회를 무비판적으로 받아들이지 않아야 한다. 오히려 종교를 가진 사람들이 초월적 이상, 즉 하나님으로부터 받은 소명의식으로 일상의 현실에 긴장을 조성해야 사회가 건강해진다.

그리스도인은 현실에 순응하는 사람이 아니라 오히려 고여서 썩지 않도록 흔드는 사람이다. 소명에 성실한 그리스도인은 일터라는 공적 영역에서 누군가 일탈할 경우 경고음을 내야 한다. 누군가 일터에서 힘들고 어려운 일을 겪고 있다면, 그리스도인은 누구보다 먼저 달려가 도와야 한다. 소명의 사람은 세상을 다른 관점에서 보기 때문에 다른 사람들이 할 수 없는 새로운 일들을 볼 수 있는 안목과 능력을 가지고 있다.

나는 '일터신앙'이라는 표현으로 특별한 새로운 신학적 개념을 소개하려는 목적으로 이 책을 쓰지 않았다. 우리가 알고 있는 기초적이고 상식적인 성서적 믿음을 일터라는 평범한 일상에서 표현하며 살자고 말할 뿐이다. 믿음의 눈으로 일터 일상을 바라보고 해석하고 실천하려는 꾸준한 노력을 통해 우리는 소명의 길을 걸어갈 수 있다. 소명의 삶은 우직하게 믿음으로 일상을 한 땀 한 땀 수놓는 과정이다. 한 참 걸어가다 보면 뭔가 다른 길을 걸어가고 있는 자신을 발견한다.

우리가 일터에서 소명으로 살아가기 위해 가장 필요한 것은 사랑의 은사다. 사도 바울은 모든 은사 가운데 최고는 사랑이라고 했다(고전 13:13). 나는 이 책을 통해 "일은 사랑이다"는 단 한 가지 개념을 독자들에게 이해시키려 집중했다. 아가페 사랑은 배워서 할 수 있는 사랑이 아니다. 내가 먼저 하나님으로부터 사랑을 받아야 사랑이 무엇인지 알게 된다. 그 뒤에야 우리는 다른 사람을 진심으로 사랑할 수 있다. 그러므로 사랑은 은사다. 하나님이 우리에게 주시는 선물이다.

일터에서 소명으로 살기 원하는 사람은 무엇보다 하나님을 깊이 사랑해야 한다. 소명은 자신을 부르는 분에게 충성을 다 하는 것이다. 그분의 말씀을 듣고 순종하려면, 그분에 대한 사랑이 있어야 한다. 소명은 어려운 단어들이 쭉 나열된 딱딱한 교리가 아니라 삼위일체 하나님과 기쁨으로 충만한 사랑의 연합을 누리는 행복한 삶으로의 초청이다.

남편이 피곤한 아내로부터 설거지를 해달라는 부탁을 받았다 하자. 아내를 지극히 사랑하는 사람은 기꺼이 일어나 팔을 걷어 부치고 콧노래를 부르며 아내 대신 설거지를 한다. 그러나 아내를 사랑하지 않는 사람은 "당신 일을 왜 나에게 미뤄?"라고 투덜거린다. "나도 피곤해 죽겠는데."하고 톡 쏘아붙이기도 한다. 소명의 삶도 마찬가지다. 하나님을 사랑할수록 자신이 하나님 대신 일터에서 일한다는 사실을 더 깊이 더 자주 기억하고 소명에 따르려고 노력한다.

하나님을 사랑하려면 다른 방법이 없다. 그리스도의 십자가 앞에 자주 서야 한다. 십자가 앞에서 자신이 얼마나 큰 죄인인지를 인정하고 하나님의 용서에 감사하며 안도해야 한다. 우리는 십자가 외에 다른 방법을 통해 하나님의 사랑과 은혜를 받을 수 없다.

유학 첫 학기였던 2001년 10월 캐나다 밴쿠버의 좁은 지하방에서 나는 무릎 꿇고 엎드려 기도하면서 하염없이 눈물을 흘렸다. 15년 동안 직장생활 하면서 얼마나 많은 죄를 지었는지 끝없이 떠올랐다. 전에는 한 번도 죄라고 여기지 않았던 일들이 하나님 앞에 부끄러운 거짓이었음을 깨달았다. 그때 십자가에서 찬란하게 비춰오는 한 줄기 빛을 환상으로 바라보며 수치와 절망으로 죽고 싶었던 마음이 감사와 소망으로 바뀌었다.

나는 이 회심 경험 이후 지금도 가능한 자주 예수님이 달리신 십자가 앞에 나가 기도한다. 서울 관악구 우리 집 건너편 삼성산 중턱에는 삼성산 성지가 있는데 예수님이 달리신 커다란 십자가가 세워져 있다. 나는 산책할 겸 성지에 올라가 십자가를 마주 바라보며 앉아서 기도하는 오랜 습관이 있다. 이 습관을 통해 나는 십자가에서 드러난 하나님의 사랑을 깊이 느낀다. 나는 이 사랑 때문에 가정생활과 교회 사역과 일터신학 사역을 감당하는 힘을 얻는다.

2년 전 내 일터신학 강의에 한 자매가 참석했다. 직장 신우회도 열심히 참석하는 자매였다. 자매는 하소연했다. "목사님, 내 직장생활을 구원해주세요." 자매의 직장생활에 무엇이 문제인지 물어보았다. 이런 저런 대화 끝에 자매의 결론은 교회 문제였다. "사실은 직장보다 교회가 더 문제여요, 목사님!" 자매는 교회에서 봉사는 많이 하는데 반해 예배에서 은혜를 받지 못하고 있어 신앙이 메말라간다고 호소했다. 광야 같은 회사 생활을 하루하루 버티려면 교회에서 하나님의 은혜를 받아야 하는데 은혜가 없으니 직장생활이 행복할 리가 있겠느냐고 반문했다. 나는 자매에게 다시 물었다. "자매님은 일터에서 지은 죄를 십자가 앞에서 주님께 고백하고 용서받는 은혜를 얼마나 자주 받습니까?" 목회자의 설교가 아무리 뛰어나도 본인이 십자가 앞에서 회개하고 용서받는 은혜를 경험하지 않으면 소명은 교리로만 존재할 뿐 삶을 풍요롭게 해주지 않는다.

 소명의 삶은 내가 무엇인가를 하나님께 해드릴 수 있다고 자만하지 않는다. 오히려 나는 내 힘만으로는 아무것도 할 수 없음을 고백하고 하나님의 은혜와 도움을 간구하고 기다린다. 소명의 삶은 특별한 지식과 경험이 아니라 일상에 임하시는 하나님의 은혜에서 시작된다. 하나님의 은혜가 없는 삶은 메마른 사막과 같다. 소명의 삶은 일터의 일상에 은혜의 단비를 촉촉하게 뿌리는 것과 같다. 일상은 은혜의 단비를 맞을 때 지루하지 않고 흥분되며, 부패하지 않고 신선해지고, 반복되지만 새로워지고, 시들하지 않고 윤이 난다.

 부산 시내에서 패스트푸드 가게를 운영하던 C 집사는 속칭 가마니로 돈을 긁어모은다는 소문이 날만큼 사업 수완이 좋았다. 가게가 커지자 그는 점포를 확장했다. 모태신앙인이었지만 그는 다른 사람들처럼 아무렇지 않은 마음으로 이중장부를 만들어 상습적으로 탈세를 했다. 많은 자영업자들에게는 '상식'에 속하는 일이었다고 한다.

 C 집사는 한참 사업이 번창하던 때에 갑자기 어려운 일을 겪게 되자 오래 전에 까먹고 살았던 하나님 앞에 나가 간절히 구원을 요청했다. 뜻하지 않게 그는 자신의 죄를 눈물로 고백하고 은혜를 받는 놀라운 사건을 체험했다. 그 후 그는 심각한 마음의 갈등을 겪었다. 그

동안 '상식'으로 생각했던 탈세 행위를 어떻게 처리할지 고민이었다. 그는 망할 각오로 사실대로 털어놓고 가산세까지 다 내겠다고 결단하고 국세청을 찾아갔다.

오히려 난감해진 측은 이야기를 전해들은 국세청 공무원이었다. 탈세를 적발해내지 못한 자신이 무능한 공무원으로 낙인찍혀 징계를 받을 판이었다. 결국 C 집사는 5년에 걸쳐 실제 영업 실적보다 더 많은 세금을 분납하는 방법으로 공무원도 구하고 자신은 밀린 세금을 내는 길을 택했다. 밀린 세금을 내면서도 사업은 큰 타격을 받지 않았다.

일터에서 소명으로 살아가는 삶에는 특별한 비법이 없다. 하나님의 은혜를 받고 기꺼이 이웃의 종이 되어 사랑으로 섬기고자 하는 마음이 샘솟아 나와야 한다. 소명은 의무감으로 억지로 해서 될 일이 아니다. 하나님은 이스라엘 백성들에게 율법 준수를 요구하실 때, 반드시 그들을 애굽에서 구원하신 여호와 하나님의 은혜를 먼저 상기시키신다. 소명으로 살면 은혜를 받게 되는 것이 아니라, 은혜를 받아야 소명으로 살아간다는 사실을 우리는 잊지 말아야 한다.

일터 그리스도인들을 돌보아야 하는 목회자들에게

나는 이 책을 쓰면서 평신도 직장인들뿐만 아니라 이들을 가르치고 섬기는 목회자들도 염두에 두었다. 늘 교회 안에서 살아가는 목회자들은 교인들이 매일 일터에 나가서 어떤 일을 하는지, 어떤 문제로 힘들어 하는지 공감하기가 쉽지 않다. 목회자들이 '교회 언어'에 익숙해질수록 성도들의 '직장 언어'에 둔감해진다. 어떤 목회자들은 교인들을 직장에서 돈 벌어 교회에 헌금하는 사람들로 생각한다. (나는 이런 목회자들이 아주 극소수에 불과하다고 믿고 싶다.) 교인들이 교회에 헌금하는 돈을 벌기 위해 일터에서 얼마나 고생하는지에 대해서는 관심을 별로 두지 않는다. 교인들은 하루하루 일터에서 살아남기 위해 죽기 살기로 일하면서 번 돈으로 교회에 헌금한다. 교회는 교인들이 땀 흘려 벌어서 낸 헌금으로 운영된다.

이런 목회자들에게 교인은 교회를 위해 존재해야 하는 사람이 되어버린다. 내가 직장 생활을 할 때, 목사님이 내 일터에 관심을 가진 경우는 딱 두 번이었다. 교회의 불법 건축물이 적발돼 양성화하지 않으면 교회 예배당을 헐어야 하는 위기에 처하게 되자, 목사님은 나에게 도움을 요청했다. 또 한 번은 교회 부설 복지기관을 운영하기 위해 담당 공무원에게 힘을 써달라고 요청했다. 내가 일터에서 가지고 있는 영향력을 교회를 위해 활용하기를 바랐다. 그러나 목사님은 내가 일터에서 얼마나 힘들게 하루하루를 버티며 살아가는지에 대해선 단 한 번도 물어보지 않았다.

목회자들은 영국 성공회 대주교였던 윌리엄 템플의 지적처럼 "교회는 비조합원의 이익을 위해 존재하는 세상 유일의 협동조합 조직"

이란 점을 기억해야 한다. 세상이 교회를 위해 존재하지 않고, 교회가 세상을 위해 존재한다. 교회는 본질적으로 성례전적으로 존재한다. 교회의 머리이신 그리스도께서 교회를 위해 자기 몸을 십자가에 내어주셨던 것처럼, 그리스도의 몸인 교회도 자신을 세상에 내어주어야 한다.

교회가 자신을 세상에 내어주는 행위는 목회자들이 먼저 자신을 교인들에게 내어주고 교인들은 세상에 자신을 내어주는 방식으로 이뤄진다. 교인들은 교회를 위해 세상에서 돈을 벌어오는 사람이라고 여긴다면, 이런 생각은 교회의 본질에서 벗어나도 한참 멀리 벗어났다. 목회자들은 먼저 교인들을 섬기는 모범을 보여주고 그들이 일터에서 정의롭고 공의롭고 자비로운 방식으로 일하며 세상 사람들을 사랑으로 섬기도록 가르쳐야 한다. 그래야 교회가 사랑이 충만한 성례전적 공동체로 성장한다. 기독교적 사랑은 위에서 아래로 내려가고 아래에서 널리 퍼지는 방식으로 작동한다.

교회는 본질적으로 세상을 하나님의 은혜로 변혁시키는 선교적 기관일 수밖에 없다. 교회는 매일 일터로 출근하는 성도들을 그 일터로 파송하는 선교단체다. 목회자들은 일터 선교사로 활동하는 성도들의 일상적 삶을 유심히 관찰하고 그들이 올바른 방향으로 가도록 지도해야 한다. 목회자들은 또한 성도들이 일터에서 힘들어하고 실패할 때 그들을 위로하고 일어날 수 있도록 도움을 줘야 한다.

목회자들은 교회와 세상 사이의 관계에 대한 독일 신학자 프리드리히 고가르텐의 세속화 이론에 귀 기울일 필요가 있다. 고가르텐은 세속화와 세속주의를 구분한다. 교회는 신들의 세상이 아닌 인간들의 세상인 세속 사회(secular society) 안에서 살고 있기 때문에 인간들을 위해 세속화 되어야 한다고 주장한다. 그는 예수 그리스도의 성육신을 교회의 세속화 근거로 여긴다. 그러나 인간은 하나님이 창조하셔서 임시적으로 위임해준 세상을 마치 자신의 소유물 마냥 착각하고 세속주의의 길을 걸어간다. 인간은 그 소유욕을 제어할 수 없어 참된 자유를 상실하고 스스로 자기를 구원하고자 한다. 결국 세속 사회는 점점 통일성과 의미를 상실하고 혼돈과 무의미에 빠져 들어간다. 교회는 이처럼 스스로 신이 되어가는 세속주의를 거부하고 신앙 안에서 인간성을 확대하는 진정한 세속화의 길을 가야 한다.[4] 교회는 탐욕스러운 세상에서 거룩한 세속적 삶을 보여주는 등대의 역할을 해야 한다.

궁극적으로 교회는 그리스도께서 세상을 통치하시도록 자신을 내어드려야 한다. 세상은 그리스도로 인해 창조되었고 그리스도를 위해 존재한다(요 1:3; 골 1:16). 교회는 그리스도께서 세상을 통치하기 위해 세우신 성도들의 공동체다. 그러므로 성도는 그리스도와 함께 일하면서 실제적으로 그리스도께서 세상을 통치하시도록 일터에서 자기 자신을 그리스도께 내어드려야 한다. 이러한 삶이 하나님의 소명으로 살아가는 삶이다.

목회자들은 일터에서 살아가는 성도들에게 교회와 세상과 성도의 관계에 대해 정확하게 설명을 해주어야 한다. 성서적 근거를 가지고 일터에서 하는 일들이 이웃을 향한 사랑의 봉사라고 설득해야 한다. 세상을 실제적으로 바꾸는 사람들은 목회자가 아니라 성도들이다. 성도들은 자신의 일터에서 일상의 디테일한 삶을 그리스도의 말씀에 따라 서서히 변화시킴으로써 세상을 변화시키는 하나님 나라 사역에 동참한다. 목회자들은 성도들이 그리스도와 함께 공적인 일터 현실을 변혁하는 주인공으로 활약할 수 있도록 교육하고 돌보고 격려하고 이끌어주어야 한다.

하지만 목회자와 일터 성도들 사이의 관계는 그리 낭만적이지 않다. 어떤 목회자는 성도들의 일터에 완전히 무관심하다. 나는 한 형제의 일터를 방문해서 회사 회의실에서 30분 넘게 대화하고 기도해드린 적이 있다. 나는 형제가 회사에서 하는 일, 직위, 동료 직원들과의 관계, 영업 현황, 회사의 미래 전망, 퇴직 이후 준비 등에 대해 다양한 질문을 하면서 형제가 직장에서 살아가는 이야기를 자세히 들을 수 있었다. 헤어지는 길에 형제는 "직장생활 20년 만에 회사를 방문해서 관심을 가져준 목사님은 이번이 처음"이라고 고마워했다.

목회자는 자기 교회 성도들이 일터에서 무슨 일을 어떻게 하는지 유심히 관찰해야 한다. 목회자들이 직접 세상일에 끼어들기는 어렵다. 전문화된 세상에서 목회자들에게는 그럴 자격도 능력도 없다. 다만 목회자는 성도들을 통해 세상에 간접적으로 접촉하게 된다. 목회자가 일터에서 고생하는 성도들에게 요즘 어떻게 지내는지, 어려움은 없는지, 무슨 일을 하고 있는지, 기도해드려야 할 일은 없는지 등등을 물어봐주는 것 자체가 성도들에게는 큰 힘이다.

목회자들이 일터 성도들에게 관심을 가지고 있을 때, 성도들은 일터에서 아무렇게 살 수 없다. 오히려 스스로 구별되고 거룩한 삶을 살아가려고 노력하게 된다. 나는 건설업계에 종사하는 한 집사님을 직장 근처에서 만나 식사하며 대화를 나눴다. 건설업은 업무의 특성상 부패의 위험이 상대적으로 큰 직종에 속한다. 아니나 다를까 집사님은 여러 번 검은 유혹을 받은 경험이 있고 손해를 당하기도 했다고 한다. 나는 집사님에게 "하나님은 악한 일터에서 선하게 일하는 고독한 성도들에게 큰 은혜와 도움을 주시니 수시로 기도하시라"고 당부하고 격려해주었다.

목회자는 성도들이 일터에서 어둠의 그늘 아래 있음을 깨닫고 그들을 항상 각성시켜야 한다. 돈보다 사람이 우선이라고 지겹도록 말해야 한다. 주일에 선포된 설교가 주중에 성도들의 일상에 남아있기를 바란다면, 목회자들은 설교 안에 성도들의 일상을 계속 담아내야 한다. 성도들이 위기의 상황 또는 중요한 순간에 설교가 떠오르도록 말씀과 일상을 연결해야 한다. 강력한 말씀의 선포가 일상에 큰 울림이 되어야 한다.

이런 면에서 한국 교회는 성도들에 대한 교육에 실패하고 있다고 해도 지나치지 않을 것이다. 설교는 물론이고 성도들의 일터를 주제로 한 성경공부 프로그램이 거의 없다. 가끔 성경공부 마지막에 적용하는 소재꺼리 정도로만 취급된다. 박종석 교수가 주장하는 것처럼, 성도들이 세상에 영향을 미치는 그리스도인의 사명을 다 하기 위해서는 교회가 그들을 위한 교육 프로그램을 대대적으로 개발해야 한다. 성경 지식을 파악하는 인지적 교육 외에도, 더 중요하게는 성도들의 삶에서 떠오르는 이슈와 질문들을 중심으로 하는 성인교육(Andragogy)이 필요하다.[5] 일터 그리스도인들이 일상에서 실제로 경험하는 삶이 주제로 다뤄지는 교회 교육 프로그램 개발이 시급하다.

교회는 세상 속에 들어가 복음을 전하는 선교 기관이다. 교회는 어두운 세상 속에 존재함으로써 세상에 소망을 전하는 사랑의 전진기지다. 교회는 악한 세상과 싸워 악이 세상을 지배하지 못하고 하나님이 지배하시도록 하는 구원의 방주다. 세상을 향한 교회의 선교, 소망, 구원 사역은 대부분 성도들에 의해 이뤄진다. 목회자들이 성도들을 섬기는 종의 자리에 만족할 때, 춥고 어둡고 음습한 세상은 따뜻하고 밝고 청량한 곳으로 변화되어갈 것이다. 주님이 제자들의 발을 씻겨 그들이 세상 안에 존재하되 세상에 속하지 않게 하신 것처럼, 목회자들도 일터에서 고군분투하는 성도들의 발을 씻겨주는 사랑을 실천하면 좋겠다.

마지막으로 목회자는 자신이 사역하는 교회가 자신의 일터라는 사실을 기억해야 한다. 목회자가 자신의 일터를 사랑이 충만한 곳으로 만들려고 노력해야 한다. 목회자는 자신이 하는 모든 일이 성도들을 향한 사랑인지를 자문해야 한다. 개척 교회나 중대형 교회나 교회에서 밥 먹고 사는 목회자들과 직원들이 떠나지 않고 계속 남아 일하고 싶은 일터로 인정받아야 한다.

목회자들이 교회 안에서 서로 경쟁하며 불화하는 것을 나는 여러 교회에서 목격했다. 그들에게 교회는 참 피곤한 일터였다. 이런 교회에서는 일터 신앙을 가르칠 수 없다. 자기도 못하는 것을 성도들에게 요구할 수는 없는 노릇이다. 목회자가 자기의 일터를 먼저 행복한 곳으로 만들어야 한다.

일터신앙은 성도들만의 노력으로 열매를 맺을 수 없다. 목회자들이 아무리 열심히 가르쳐도 성도들이 화답하지 않으면 의미가 없다. 일터 신앙은 일터에서 매일 일상을 살아가는 성도들과 그들을 돌보는 목회자들이 합심하여 기도하고 연구하고 노력할 때 비로소 조금씩 열매를 얻을 수 있다. 교회가 성도들의 일터를 품어주고 함께 걸어갈 때, 세상은 조금씩 변화되어갈 것이다. 그러나 교회가 돈 많고 지위 높은 사람을 상석에 앉히기 좋아한다면, 하나님은 종말의 심판대에서 교회 구성원들에게 세상을 책임지지 못한 죄를 추궁하실 것이다.

일터신앙은 교회가 부흥을 위해 선택할 수 있는 하나의 프로그램 정도로 가볍게 취급할 주제가 아니다. 일터신앙은 교회의 본질에 관한 주제다. 공적 영역으로부터 한없이 뒤로 후퇴하고 자기 생존에 급급한 교회들은 세상에서 존경받지 못한다. 자기 생존에 대한 해법은 교회보다 세상이 훨씬 더 전문적이고 탁월한 지식과 능력을 가지고 있다. 교회는 일터라는 공적 영역에 어떤 해법을 제시할 수 있는가? 세상이 가질 수 없는 복음의 진리 안에 해답이 있다. 세상은 그 해답을 갈망하고 있다는 사실을 교회는 깨달아야 한다.

일터신앙은 대단한 신학적 발견이 아니다. 해 아래 새로운 것은 아무것도 없다. 일터신앙은 성서적 관점으로 성도들의 디테일한 일터 일상을 조망하는 하나의 시도다. 이러한 영적 훈련들을 통해 우리 일상은 하나님 나라를 향해 조금씩 움직여간다. 세상을 살만한 곳으로 변화시키는 일은 거대한 구조 변화에서 시작될지 모르지만, 지극히 사소한 일상이 새로워지지 않으면 결코 완성되지 않는다.

일은 사랑이다. 우리는 어떻게 사랑을 창조적으로 실천해야할지 매 순간 하나님께 지혜를 간구해야 한다. 사랑이 일상을 이끌어가는 원리로 작동할 때, 내일 맞이할 세상은 오늘보다 좀 더 살만해지지 않을까? 우리는 사랑하고, 하나님은 우리의 사랑을 통해 세상을 통치하신다.

일터신앙

Listen

Love

Pray

Endure

각 장의 주 &
추천도서

각 장의 주

프롤로그

1) 마르텐 베를렌, 장혜경 역 『나는 정신병원으로 출근한다』, (서울: 라이프맵, 2012), 7-11.
2) 스베냐 플라스푈러, 장혜경 역 『우리의 노동은 왜 우울한가』, (서울: 로도스, 2013), 7-23.
3) 한병철, 김태환 역 『피로 사회』, (서울: 문학과지성사, 2014), 11-29.
4) 한나 아렌트, 이진우 역 『인간의 조건』, (파주: 한길사, 2017), 156-171.

제1장 들으라

1) 빅터 프랭클, 이시형 역 『삶의 의미를 찾아서』, (파주: 청아출판사, 2012), 99.
2) 폴 스티븐스, 홍병룡 역 『21세기를 위한 평신도 신학』, (서울: IVP, 2001), 150.
3) 위르겐 몰트만, 김진균 역 『창조 안에 계신 하느님』, (서울: 한국신학연구소, 2002), 319-20.
4) 차준희, 『창세기 다시 보기』, (서울: 대한기독교서회, 2006), 12.
5) Lynn White, Jr., "The Historical Roots of Our Ecological Crisis", *Science*, vol. 155, no. 3767 (Mar. 1967), 1203-1207.
6) 고든 웬함, 박영호 역 『창세기(상)』, (서울: 솔로몬, 2001), 130.
7) Michael Welker, *Creation and Reality* (Minneapolis, MN: Fortress Press, 1999), 70-73.
8) 천사무엘, 『창세기』, (서울: 대한기독교서회, 2001), 100.
9) Martin Luther, *Selected Psalms III*, Luther's Works vol. 14, eds. J. J. Pelican, H. C. Oswald, H. T. Lehman (Saint Louis: Concordia, 1999), 114-15.
10) 폴 스티븐스, 『21세기를 위한 평신도 신학』, 35-50.

제2장 사랑하라

1) 김덕영, 『게오르그 짐멜의 모더니티 풍경 11가지』, (서울: 도서출판 길, 2008), 194.
2) 게오르그 짐멜, 김덕영 역 『돈이란 무엇인가』, (서울: 도서출판 길, 2014), 74-75.
3) 마틴 부버, 표재명 역 『나와 너』, (서울: 문예출판사, 2004), 57-107.
4) 칼 바르트, 신준호 역 『교회교의학 III/1』, (서울: 대한기독교서회, 2016), 249.
5) 달라스 윌라드, 윤종석 역 『하나님의 모략』, (서울: 복있는 삶, 2015).
6) 스탠리 하우어워스, 문시영 역 『교회됨』, (서울: 북코리아, 2010).
7) 성심당의 사례는 김태훈, 『우리가 사랑한 빵집 성심당』, (통영: 남해의봄날, 2016)을 근거로 했다.
8) 배상민 교수의 사례는 2014년 11월 양재온누리교회에서 열린 일터컨퍼런스 강의와 언론 인터뷰 자료 등을 근거로 했다.
9) 중앙일보 2016년 3월 30일자 인터뷰 기사. http://news.joins.com/article/19807505.

제3장 기도하라

1) J.I. Packer, *Keeping in the Spirit* (Old Tappan, New Jersey: Fleming H. Revell Company, 1984), 51-52.
2) Miroslav Volf, "Human Work, Divine Spirit, and New Creation: Toward a Pneumatological Understanding of Work," *PNEUMA: The Journal of the Society for Pentecostal Studies*, Fall 1987, 187.
3) Laura L. Nansh, *Believers in Business*, (Nashville, AT, London, Vancouver: Thomas Nelson Publishers, 1994), 49-55.
4) 로렌스 형제, 배응준 역 『하나님 임재 연습』, (서울: 규장, 2008), 178-79.
5) 디트리히 본회퍼, 정지련 손규태 역 『성도의 공동생활』, (서울: 대한기독서회, 2014), 73-74.
6) 김하중 장로와 사례는 그의 자서전 『하나님의 대사 1』, (서울: 규장, 2010); 『하나님의 대사 2』, (서울: 규장, 2011); 『하나님의 대사 3』, (서울: 규장, 2011)을 참조했다.
7) 노만 그럽, 윤종석 역 『성령의 사랑 리즈 하월즈의 중보기도』, (서울: 두란노, 2010), 66.
8) 아브라함 헤셸, 김순현 역 『안식』, (서울: 복있는사람, 2013), 73.

제4장 인내하라

1) 오기 기니스, 홍병룡 역 『소명』, (서울: IVP, 2000), 13.
2) 제프 고인스, 윤종석 역 『일의 기술』, (서울: CUP, 2016), 156.
3) Irenaeus, *Against Heresies* (Ex Fontibus Company e-book, 2015), IV.38.2.
4) 김균진, "종말론과 윤리", 「神學思想」 74, 1991, 697.
5) 이 부분은 헬무트 틸리케의 타협 윤리에 관한 저자의 논문 내용 일부를 발췌한 것이다. 이효재, "갈등하는 그리스도인 직장인들을 위한 목회 상담 방법론으로서의 헬무트 틸리케의 '타협 윤리'" 「복음과 윤리」, vol. 13 (2017), 117-52.

에필로그

1) 강영안, "일상에 대한 묵상", 『Seize Life』, vol. 1, (2008. 6), 6-13.
2) Robert Banks, "Chores", The Complete Book of Everyday Christianity (Downers Grove, IL: IVP, 1997), 107-109.
3) 로버트 벨라, 박영신 역 『사회 변동의 상징 구조』, (서울: 삼영사, 1981), 174.
4) 김진균, 『현대신학사상』 (서울:새물결플러스, 2014), 323-34의 세속화신학 논의 참조.
5) 박종석, "건강한 교회성장을 위한 SMG 양육 체계: 기독교대한성결교회를 중심으로", 「신학과 선교」, 35, 2009, 6-7.

추천도서
일터 신앙 성숙과 사역에 도움이 되는 책들

게오르그 짐멜. 김덕영 역. 『돈이란 무엇인가』. 서울: 도서출판 길, 2014.

김근배. 『애덤 스미스의 따뜻한 손』. 서울: 중앙books, 2016.

김태훈. 『우리가 사랑한 빵집 성심당』. 통영: 남해의봄날, 2016.

도로테 죌레. 박재순 역 『사랑과 노동』. 서울: 한국신학연구소, 1987.

디트리히 본회퍼. 손규태 외 역. 『윤리학』. 서울: 대한기독서회, 2014.

디트리히 본회퍼. 정지련 외 역. 『성도의 공동생활』. 서울: 대한기독서회, 2014.

리처드 C. 추닝. 박기형 역. 『샬롬 경제학』. 인천: 주영사, 2010.

마이클 고먼. 박규태 역. 『삶으로 담아내는 십자가』. 서울: 새물결플러스, 2010.

막스 베버. 『프로테스탄트 윤리와 자본주의 정신』. 서울: 문예출판사, 2000.

방선기. 『크리스천 직장백서』. 서울: 두란노, 2015.

배종석 외. 『기업이란 무엇인가』. 서울: 예영커뮤니케이션. 2006.

벤 위더링턴 3세. 오찬규 역. 『평일의 예배, 노동』. 파주: 넥서스CROSS, 2016.

스베냐 플라스푈러. 장혜경 역. 『우리의 노동은 왜 우울한가』. 서울: 로도스, 2013.

아브라함 헤셸. 김순현 역. 『안식』. 서울: 복있는사람, 2013.

E. F. 슈마허. 박혜영 역. 『굿 워크』. 서울: 느린걸음, 2014.

오기 기니스. 홍병룡 역. 『소명』. 서울: IVP, 2000.

제프 고인스. 윤종석 역. 『일의 기술』. 서울: CUP, 2016.

존 러스킨. 곽계일 역. 『나중에 온 이 사람에게도』. 서울: 아인북스, 2014.

존 버드. 강세희 역. 『나에게 일이란 무엇인가?』. 서울: 이후, 2016.

케빈 벨몬트. 오현미 역. 『윌리엄 윌버포스, 세상을 바꾼 그리스도인』. 서울: 좋은 씨앗, 2008.

토마스 바셰크. 이재영 역. 『노동에 대한 새로운 철학』. 서울: 열림원, 2014.

팀 켈러. 최종훈 역. 『일과 영성』. 서울: 두란노, 2013.

폴 스티븐스. 홍병룡 역. 『21세기를 위한 평신도 신학』. 서울: IVP, 2001.

폴 스티븐스. 주성현 역. 『일의 신학』. 서울: CUP, 2014.

폴 스티븐스, 엘빈 웅. 김은홍 역. 『일, 삶, 구원』. 서울: IVP, 2011.

폴커 레징. 조용석 역. 『그리스도인 앙겔라 메르켈』. 서울: 한들출판사, 2010.

한병철. 김태환 역. 『피로사회』. 서울: 문학과지성사, 2012.